# 花開明天

二〇二一年緬甸自由運動

孔德維 主編

# 目次

# 作者群

*依姓名筆劃為序

**孔德維**

費薩爾國王學術及伊斯蘭研究中心研究員，國立中山大學社會系訪問學人。

**沈旭暉**

香港國際關係學者。

**周浩霖**

《緬甸前線》業務總監，《緬甸時報》首席記者兼副主編。

**施穎諺**

香港國際問題研究所研究員。

**陳薇安**

臺大香港研究社社長。

**馮智政**

飄零書院創辦人，香港商業電臺光明頂主持。

**馮嘉誠**

日本早稻田大學亞洲太平洋研究院博士候選人，香港國際問題研究所東盟研究主任。

**楊庭輝**

香港國際問題研究所研究員。

**劉忠恩**

《緬甸時報》記者。

導論

# 緬甸與2010年代以來的東南亞自由運動：一個歷史學者的觀點

孔德維

在過去一段很長的時間，學者在論述與分析人類社會時，往往以制度、框架、規模、版塊、案例判斷事態發展的方向，學術的分析與觀點需要客觀的資料驗證。在實證主義的號召下，今天學者多以複雜而源遠流長的理論分析世界；而不能以社會科學的語言表述的知識，亦在這潮流中被學界排斥。因此，一些學者直指以理論與數據支撐起來的社會科學為學界當中的「帝國主義」。[1]在以框架與案例為中心的研究中，「人」的因素往往較於經濟體系、社會制度、政治安排為輕；特立獨行而於社會發揮重大影響力的個人在系統性的分析中，很多時更因難以分類歸納而被視為特例。從很多流行的論述當中，「人」往往被視為系統的一環，他們也是因為需要不斷對外在因素作出回應而思考與行動。即使一些學者認識到結構分析中的「人」（一般被稱為「社會施為者」或「能動者」（agent））有其「能動作用」（agency），可以不受社會結構制約而影響社會，他們亦認為「人」的判斷機能早在社會化過程中，因學習社會關係、規範、價值、信仰而漸次成型。因此，影響「能動者」的「習性」（habitus）本身也受階級、文化等等因素影響／決定。[2]當然，對人類的分析不可能亦不應該完全脫離「處境」，但單純以結構觀察個人的心智，顯然也不是一種合理的處理。

不幸的是，在記錄重大歷史事件或時代時，近現代以來不少學者都漸次形成了「去人化」的習慣。19世界流行的蘭克史學，倡言政治與外交史的分析論述當集中於「國家」（state）與政要之間的實際活動記錄，突破了過去史家單以重大歷史宣言與里程碑文字闡發政治與外交史的局限。依循這傳統的一些後學卻往往在撰述中為檔案的資料所困，忽略了檔案所不能記載的個人也很可能對歷史推動有重要角色。另一方面，重視整體歷史（total）與結構的年鑑學派，在20世紀初以來更宏觀地嘗試將一切天文地理、制度風俗的思考加入史學敘述，多角度思考整體社會的結構。然而，正如王汎森指出，這樣精緻的設計，卻讓年鑑學派的歷史敘述難以呈現「變化」：「既然是結構的東西，持續時間相當長，但變化很少，也難以勾勒出來。」[3]

雖然過去不斷有學者提出各種關於「去人化」論述的憂慮，但到了資訊與數據泛濫的21世紀，個人心智在「大數據」的研究方式中結果卻是愈益邊緣化。當學者能將研究對象的個體行為完整記錄分析，推演他們的日後的行為自然不再單單依賴他們的論述，簡單來說，就是以「行為分析」取代「思想研究」。這一種

「去人化」思考方式的應用，自然不限於學界。在日常生活中最常見的例子，可見於商業機構以搜查關鍵字、瀏覽記錄、社交媒體使用習慣等數據以基礎，集中提供用戶喜歡的資料供其閱讀，從而「助推」（nudge）其行為及消費模式。在政治層面，同樣的傾向自然是以更大的規模發生。事實上，早在托克維爾的《舊制度與大革命》就提出17世紀官僚對數據搜集的偏好；20世紀的一系列獨裁國家更嘗試以全方位全覆蓋的方式記錄國民生活細節。然而，它們卻無法突破全方位監控的極高行政成本，蓋依賴人手處理的數據因為制度失誤與實行過程中的流弊而漏洞百出。沒有政府可以有足夠的人力物力去記錄全民生活的細節。即使收回數據，當官員需要逐層上報後，那些竊聽、監視的成果大概也不過是一片文案之海，沒有人有能力通盤讀通。

如今大數據、雲計算以各種不同形式收集的資料，所需的人力著實有限，但可以觸及的範疇卻是更廣、更準，再以人工智能分析，國民日常的一切行為、消費習慣、交友群體、閱讀偏向都彷彿在國家機器面前一覽無遺。獨裁者過去尚因為憂慮國民因政治環境而在監控中作出口不對心的表述，因此公開表態「忠誠」，卻不一定真正「忠誠」。即使真的十分「忠誠」，國家卻沒有辦法綜合數據，政治上「忠誠」的國民，也可能在能力層面是「廢物」。於是，20世界獨裁政府監控的結果，不時鬧出各種笑話。但對今天的獨裁者來說，從互聯網獲取的個人生活資訊並非國民有意識的公開表態，更有可能反映每人心底裡最真實的一面。[4]

但這裡有一個問題：如果「人」真的單能以其過去生活細節數據與他的種族、階層、學歷等資料被完整理解，何以花費鉅資以「大數據」研究國民行為的多個東亞政府，均無力預測2010年代臺、港、馬、泰由年輕人領頭，整個社會參與的大型自由運動？這就正如蘭克史學單注目於國家檔案與年鑑學派過度依賴「結構」分析一樣，以大數據為基礎的研究對「人」的「心智」有一定的盲點。2014年臺灣的太陽花學運、香港的雨傘運動、2018年馬來西亞大選的政黨輪替、香港2019年自由運動、泰國在2020起的反政府運動，均令當局進退失據，難以處理。今天的緬甸，亦是如此。無庸諱言，不論站在任何政治立場，這群東亞年輕人的勇氣與智慧實在令人驚訝。所謂的驚訝，正由於從社會的大結構中，我們不能預期有這樣的現象可以出現。自由運動參與者的性格、知識、能力與對世界的觀點，均沒有在政府主導的「去人化」研究中呈現出來。有志於研究人類社會

者，實當反思上述各點於方法學上的意義。

在2021年開首的幾個月間，緬甸國民的勇毅正如緬甸軍政府的獸行一樣震撼。筆者在3月27日從互聯網看到緬甸軍人節中，多個城市的國民上街示威，軍隊隨機開槍射死包括兒童在內的逾百示威者；進而再於晚上以空軍襲擊靠近泰緬邊界的村莊，令翌日逾千人越過邊境逃往泰國。同日，筆者獲得緬甸友人傳來有關整場運動的死難者名單與相片，遂決意聯絡臺港兩地為主的不同學界及傳媒界友人共同將對緬甸自由運動的觀點寫下，並盡快刊出義賣籌款支持緬甸人的抗爭。結果，寫作的工作在7天內完成，而不同機構與友好又於1日內籌得經費製作與義賣，並於復活節完成書稿。

不同於上述單以數據為材料的「去人化」進路，本書的不同作者採取了複合的研究方法。本書作者的專業背景包括歷史學、人類學、區域研究、國際關係等等，以不同的視角介紹了這次自由運動的各個層面。馮嘉誠為本書撰寫的概論以2020年的選舉結果、軍隊內部權力結構、國際互動、抗爭組織與形式四個視角，為讀者分析了何以緬甸人民在2021年不懼真槍實彈參與長期抗爭；而政府亦何以採取激進手段堅持與公民社會及國際社會對立。周浩霖則以在地經驗與深入觀察，分別析論了企業、傳媒與公民社會在這次運動的角色，指出跨國與當地企業因為運動而進退失據，而傳媒則受政府的各種挑戰。周浩霖一文指出政府與公民社會的對抗不單在街頭，而是及於社會的不同版塊，企業與傳媒均夾在毫不猶豫地清除異己的威權政府和決心以經濟實力及公民不合作運動震懾不同機構的憤怒公眾之間。馮嘉誠〈內外交困的改革：緬甸軍政府的處境〉一文則指出軍政府意圖將「緬甸政變把時間撥回十年前」（Myanmar's coup turns the clock back a decade），但久已進行的改革與公民、國際社會的期望不可能忽然消失殆盡。然而，即使軍方誠心改革，當中軍商久合的利益版塊不可能立時將利益拱手相讓，軍隊內亦派閥眾多，在互相猜忌的時候亦難以讓任何人輕舉妄動。在此觀點下，緬甸的公民運動與國外的制裁均不能簡單改動今天的局面。

在國外的形勢同樣複雜，雖然示威者與外界多有指責中國政府在軍方背後的支持角色：傳言中國軍隊混入緬甸軍方、中國工程師協助緬甸網絡封鎖，種種謠言均符合外間對中國的猜想。但施穎諮卻提醒我們中國以投資者的角度出發，支持軍方只能說是無奈之舉；與軍方對立的昂山素姬卻與中國有更友好的往績。在

施穎諺的介紹中，中國、歐美、東盟各國在緬甸事件中均處於極為尷尬的角色，因此才會有各種口惠而實不至的舉措。可以說，緬甸的政變與自由運動爆發，並沒有令任何國家獲益，介入其中，亦可能需要付出不少代價；但一系列嚴重的屠殺事件，卻又令各國難以忽視。劉忠恩就作壁上觀的各國深入分析，尤其指出與緬甸經濟互動的周邊東亞國家與東盟各國，有複雜的經濟與政治取捨；但在這過程中，自由運動對國際社會的期望一再落空之際，運動勢必漸趨激進。當然，讀者亦可以提出以美國為首的國際社會已在緬甸政變以來做出許多外交干預以及對軍方人物的制裁，楊庭輝一文由此角度，以緬甸案例為中心，分析「制裁」在這種運動的有效性。

除了傳統以國家為本位的干預外，2010年代東亞對抗威權政府的一系列自由運動值得留心的特點亦在於各國公民之間的相互支持。由於互聯網與社交媒體的流行，上述一系列的自由運動，從臺灣、香港、馬來西亞、泰國到今天的緬甸展現了一種去中心化的聯結趨盛。防毒面具、黃頭盔、前線、防暴警察，緬甸示威的現場在臺、港、馬、泰不斷重複，不少緬甸青年直言仿效了前人的示威模式；奶茶聯盟的出現，由網絡實現的跨國社會運動互動，可說是改動了2010年代東亞歷史的一大變數。陳薇安與沈旭暉分別介紹了「奶茶聯盟」的概念，陳薇安介紹了奶茶聯盟的源起與跨國聯結的侷限；沈旭暉則以香港案例仔細與緬甸比較，指出非國家行為體（non-state actor）在兩場運動超越現實主義計算的行為令北京政府與緬甸軍政府衍生出相應的回應方式。沈旭暉亦在附論部份申論了同為英國殖民地的香港與緬甸過去數十年的密切關係，及該段關係如何為今人所遺忘。馮智政亦以香港與緬甸的英國殖民地經驗說明類近的觀察，他的論文介紹了兩地自上世紀以來的關係，並對比兩地在英國殖民時期完結後的發展，解釋何以令今天的緬甸與香港關係遠較其他英聯邦國家疏離。

本書收錄的九篇文章將緬甸政變與自由運動劃分為不同層面析論，簡介了當下緬甸的即時局勢，囊括了國內外不同群體的思考與觀點。正如沈旭暉一文提出，非國家行為體（non-state actor）在近年的自由運動有不少超越現實主義計算的行為，過去單以結構與利益版塊為主軸的分析對近年不少重要政治現象均缺乏解釋的能力。這點也可以從本書的各篇文章呈現。作為一名歷史學者，筆者在執筆之際不斷思考未來的歷史學者會如何回顧今天緬甸發生的屠殺與慘案呢？如果

日後的史家單單以經濟數據與政治利益思考今天的事情，低手很可能會作出示威者因利益分配不均、或是收取了西方國家利益而參與反政府活動等草率的結論；高手也可能會將運動歸因於全球化現象、地緣、族群政治等等結論。然而，這些論述都很可能忽略了在歷史場境中的個人有往往有其主體意識，行動可以出於自身的價值體系而非簡單的「受CIA煽動」或「收了錢」足以解釋。

輕率地忽略了「人」的「心智」而作出的論述，某程度上可說是出自學者分析視角的傲慢。正如本書的寫作緣起，是筆者的一位不能具名的緬甸朋友網上傳來本書附錄部份〈罹難者的故事：現場的筆記與資料整理〉的文字與圖片，希望為自由運動留下確切的歷史證詞與記錄。一位以近世宗教史為業而在臺灣生活的香港學者與緬甸的自由運動本來是風馬牛不相及的關係，但出於價值觀的互相體認，在素未謀面的情況下合作出版。更驚奇地，筆者竟然又能邀請出臺灣與香港的不同學者、傳媒友人無償地趕在一星期內為本書撰稿，向華文世界讀者介紹緬甸的現況。20世紀90年代，在香港電影的黃金時期，電影院需要大量作品來填充檔期，於是生出不少「七日鮮」的電影。「七日鮮」電影固然也有佳作，但卻難稱為嚴謹的作品。同樣地，這樣的一份珍貴史料，顯然不能滿足現代學術世界嚴謹的指標。如果單以大學教育制度、政治模式、經濟誘因等資料組成的大數據為基礎思考，這本小書根本不可能出現。必須預早向讀者報備的是，由於不少參與本書製作的緬甸朋友顧及安全問題，我們不能將他們名稱公開，但有關記錄，負責編輯的團隊均已妥善收藏，假使本書在日後得以在緬甸成為自由民主的土地後，徵得相關友人同意的情況下再版，我們希望屆時能重新添上。由於同一原因，本書亦無法按照學術及出版慣例，請人在緬甸的朋友以書面形式為所有圖片確認版權；曾於The Glocal、《端傳媒》等網上媒體發表的文字及圖片，則已正式去信請得版權。雖然本書編輯盡力確保本書所載文字及圖片均無侵害著作人知識產權，惟本書出版時間緊逼，亦因狀況特殊，係法與資料提供者逐一確認。如有讀者發現本書內容有侵害著作人權益之嫌，懇請來函賜知，我們將盡快作出補救。

出版本書主要具三個目的。首先，我們希望為緬甸聯邦議會代表委員會（Committee Representing Pyidaungsu Hluttaw）籌款，以支持緬甸人民對自由的堅持。出版本書的GLOs Press將會在扣除成本後盡快舉辦義賣活動，並將日後獲得的版稅全數捐贈予緬甸聯邦議會代表委員會（如讀者有意直接捐款，可到訪：

https://charity.gofundme.com/o/en/campaign/crph/citizenofburmaawardorganizationi
nc）；如日後委員會因任何理由解散或不復存在，版稅則轉捐緬甸紅十字會與紅
新月會國際聯合會。其次，本書所載的文字反映了臺灣及香港知識人在緬甸重大
歷史時刻的觀察與思考，而附錄的文字與圖片均爲第一手的歷史材料。本書希望
爲這一段歷史作一即時記錄，以昇日後的研究者得悉21世紀初的東南亞在政治角
力與經濟合作以外，尚有隱然的跨國聯結，可說是全球化時代的一種特殊風景。
在日後看來，今天急就章的分析可能是不成熟的意見。不同於筆者日常研究所處
理17世紀的歷史事件，研究者獲得了近乎上帝的視角，在得悉各種事端日後將如
何發展以後，再回頭析論。我們需要謙卑地承認我們不知道未來將會如何發展，
但卻很清楚我們活在一個滿街都是英雄的年代，我們也期望各地讀者關心這個重
要的歷史時刻。

春意滿園，花開明天。然則明天是否眞的花開，各盡綿力。

本書版稅將捐贈「緬甸聯邦議會代表委員會」：
https://charity.gofundme.com/o/en/campaign/crph/
citizenofburmaawardorganizationinc

---

**本章註**

1    不少學者均曾提出相近的觀點，較爲完整的論述可參Tatah Mentan, *Unmasking
     Social Science Imperialism: Globalization Theory As A Phase Of Academic
     Colonialism* (Bamenda: Langaa RPCIG, 2015)。

2    與agent相關的論述自非上述三言兩語可以說明，其中一位創始人布迪厄（Pierre
     Bourdieu）的觀點可說是較爲完整。惟布氏的論著頗豐，初入其門者難以盡讀；有
     興趣的讀者可參近年出版的一本介紹作品Michael Grenfell, Pierre Bourdieu: *Key
     Concepts* (Durham: Taylor & Francis Group, 2014)。

3    王汎森：〈現在歷史是甚麼？西方史學的新趨勢〉，《天才爲何成群地來》（北京：
     社會科學文獻出版社，2019），頁23-47。

4    有關大數據與威權政府關係的申論，可參Daniela Stockmann, *Media Commercialization
     and Authoritarian Rule in China* (Cambridge: Cambridge University Press,
     2013); William J. Dobson, *The Dictator's Learning Curve: Inside the Global
     Battle for Democracy* (New York: Knopf Doubleday Publishing Group, 2012)。

# CHAPTER 1

# 2021緬甸政變及自由運動概論

馮嘉誠

踏入四月，緬甸政變產生的亂象已經持續了兩個月。在過去漫長的幾星期，緬甸公民社會、流亡政府「聯邦議會代表委員會」（CRPH）、克欽軍（KIA）與克倫解放軍（KNLA）等邊境民族地區的軍事組織已經逐步建立合作關係，分別在城市、鄉郊、及國際場合上，與緬甸國防軍及軍政府「國家領導委員會」（SAC）展開多維度的對峙態勢。

透過網絡社交平台以及新聞報導，我們遠在海外，大抵仍可目睹到緬甸國防軍鐵腕鎮壓的恐怖效果。根據緬甸人權組織「援助政治犯協會」（AAPP）在三月三十一日公佈的數字顯示，自二月一日政變至今，已有536人命喪於軍警手中，有2729人遭到當局拘捕。三月十四日，緬甸經濟中心仰光西部萊達雅區（Hlaing Tharya）的臺資及中資企業遭到破壞，軍方同日大開殺戒，單日死亡人數數字首次破百。三月二十七日，緬甸軍隊一邊慶祝著「軍人節」，一邊縱容軍警發動大規模殺戮，逾一百四十人因而喪生，再度突破單日死亡人數數字。縱然我們未必認識任何一位被軍警傷害的緬甸示威者，但隔著電腦或電視熒光幕，還是隱隱感受到亡者家屬的悲痛。

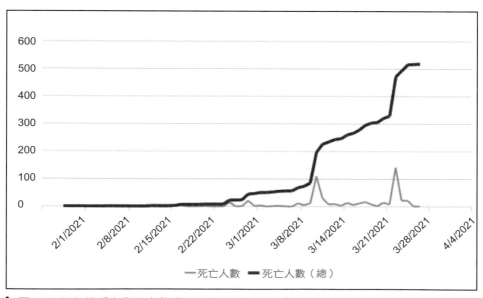

▌ 圖1-1　緬甸抗爭者傷亡人數（2021-02-01-2-3-31）
　　　資料來源：緬甸「援助政治犯協會」（AAPP）[註1]

政變發生後不久，筆者曾參加過幾場關於緬甸政變的網上討論活動，有幸接觸到一些緬甸華裔的聲音。那時候緬甸軍政府也只是剛剛實施宵禁令，還未出現死者數字（後來翻查記錄才知道，原來當時已出現首名死者）。那些緬甸示威者（他們自稱「革命軍」）提及了幾點使我印象特別深刻，也是攝錄機鏡頭永遠無法捕捉的：那些以第一人身直接面對的抗爭經歷、對軍隊總司令敏昂萊的怒火、對隨時遭到軍警逮捕的恐懼，固然不能夠輕易傳遞到我們的感官系統；但這場抗爭運動背後的脈絡、非緬族族群的情感、權力邊陲的「弱者」對傳統秩序的頑抗，也沒有被好好的舖陳出來。這場抗爭既是簡單的，我們可以單純理解成「民主」與「威權」的鬥爭；但它也是複雜的，因此我們也會透過這次運動觀察到不同行動者之間的競合。

透過本文，筆者將會簡單列出幾層視角，分析這場政變及抗爭運動的多重面向，希望讓讀者更深入理解這個大事件的來龍去脈，對這片飽受戰火蹂躪的土地、這些歷盡滄桑的人民，可以增添一份關注。

## 視角一：一場關於2020選舉結果的對立

二月一日，本應是去年十一月大選後，緬甸國會新任期的開始。不過，當日清晨卻傳來震驚全國的消息：緬甸國務資政昂山素姬（翁山蘇姬）、總統溫敏、以及全民盟黨內要員全部被警察拘捕。其後，緬甸副總統（此前由軍方提名）敏瑞以「代理總統」的身份，引用《2008憲法》第417條宣佈全國進入為期一年的緊急狀態，並引用《憲法》第418條把所有立法、行政、司法權力轉移到國防軍總司令敏昂萊手上。此例一生效，意味國會將會暫停運作，間接褫奪所有民選國會議員的議席。

緬甸國防軍事後解釋，國家毫無先兆下進入長達一年的緊急狀態（註：軍隊否認他們發動「政變」，亦要求媒體不要使用「軍政府」、「政變」等字眼），全因選舉委員會事前沒有好好處理關於選舉舞弊的指控。全民盟在十一月的全國選舉中，分別贏得下議院（人民院）258個議席，以及上議院（民族院）138個議席，所得議席比2015年全國選舉取得額外收穫。相反，被視為軍隊的傀儡政黨聯邦鞏固及發展

黨（鞏發黨，USDP）卻輸得一敗塗地，與此前樂觀估算的賽果相比，出現明顯落差，議席不增反減，在上、下議院各輸掉4席。緬甸經歷了兩屆公開透明的大選，證明全民盟在目前「簡單多數制」的選舉制度下，具備極大優勢，輕易便取得立法權力。軍隊要透過正常的選舉途徑奪取政權，注定無功而還（詳細可參考圖1-2和圖1-3）。

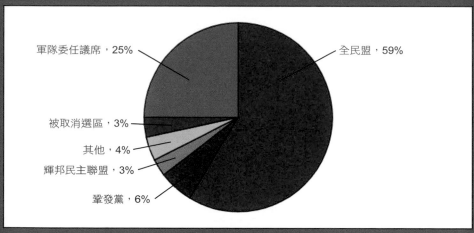

▌圖1-2　2020年緬甸大選人民院議席分佈
　　　資料來源：緬甸《伊洛瓦底》（The Irrawaddy）（2020）[註2]

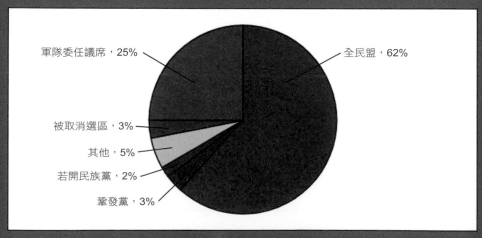

▌圖1-3　2020年緬甸大選民族院議席分佈
　　　資料來源：緬甸《伊洛瓦底》（The Irrawaddy）（2020）[註3]

受疫情所累，許多線下的政黨選舉宣傳活動都被逼搬到線上，一度惹來在野黨派不滿，鞏發黨及軍隊更在選舉前公開質疑選委會堅決如期舉行選舉的決定。選舉結束後，鞏發黨及軍隊的反對聲浪更有增無減，前者甚至提出推翻選舉結果，並在軍方監督下進行重選；後者則一口咬定有選票作假，向選委會施壓重新核對所有選票。據《路透社》報導，緬甸國防軍代表與昂山素姬代表在政變前三天曾經會晤，期間軍方下達最後通牒：要求重申檢驗選票、解散選委會、押後召開新一屆國會的日期，遭到素姬的代表斷然拒絕。會議不歡而散，隨後有大批軍車駛入首府奈比都。一些撐軍隊的團體亦發起反選委會的示威，趁機發動騷亂，襲擊身穿印上全民盟標誌服裝的路人。

國際非營利組織卡特中心（Carter Centre）在2020大選期間派員進行監察工作，早已表明沒有發現任何重大違規事端。相關說法自然不獲軍隊接受。正因如此，敏昂萊發動政變後，便以調查「選舉舞弊」作為執政目標之一，也委任了軍隊前成員擔任選委會主席。新選委會在二月下旬已「證實」2020選舉結果無效，敏昂萊在三月二十七日「軍人節」的閱兵儀式亦表示會「依據民主規則」重新舉行大選，惟至今沒有提供確實日期。

政變翌日，橫跨學運、社運團體、公務員、醫護人員、銀行員工、全民盟的傳統支持者多個社會單位組成「公民不服從運動」（Civil Disobedience Movement，CDM），馬不停蹄發起和平示威反對政變。與軍隊堅持進行重新大選的決定剛好相反，CDM成員一直高舉「尊重我們的選票」（Respect our votes）、「我們投了全民盟」（We voted NLD）的橫額及標語，以示2020選舉結果完全表達了他們的意願。

另一方面，一些被軍隊政變貿然褫奪議席的全民盟及友好政黨的國會議員自行組織「聯邦議會代表委員會」（Committee Representing Pyidaungsu Hluttaw，下稱CRPH）作為「合法」代表。CRPH一邊呼籲民眾停止向軍政府交稅，建設臨時政府（或曰平行政府）抗衡軍政府，並支持民眾以自衛形式對抗「恐怖份子」（意指軍警）施襲，一邊尋求與國際社會進行交涉，務求跟「國領委」競逐合法性和話語權。與CDM部份全民盟支持者的出發點一樣，CRPH堅持自己的合法地位源於2020選舉結果。

## 視角二：一場挑戰軍隊特權的鬥爭

自緬甸1948年正式獨立以來，國防軍一直都牢牢握著全國政治脈博：七十三年的歷史間，長達五十年由軍隊直接統治；即使由文人管治，軍隊舉手投足仍然足以震撼緬甸政壇。目前緬甸沿用的《2008憲法》，便是在前任軍政府領袖丹瑞（Than Shwe）任內草擬及通過的，當中除了保護國防軍在國會擁有一定議席，掌控修憲否定權，並限制任何軍隊以外的組織（包括文人政府）獨自討論及處理國防和國家安全事務的權限。簡單而言，除了部份牽涉商業利益的規範以外，現時憲法幾乎容許緬甸軍隊不用向國內任何單位問責。

對全民盟及其支持者而言，《憲法》不但鞏固了軍隊的特殊地位，更封殺了他們的領袖——昂山素姬——名正言順擔任總統的途徑。《憲法》條文規定，總統候選人的親屬必定不能夠是外國公民，擁有兩名英籍兒子的昂山素姬根本不能循此方法獲得總統資格。過去五年，昂山素姬以「國務資政」身份參政，便是為了避開《憲法》約束而特地設下的先例，但其領導角色終究有點名不正言不順，對未來緬甸政治體制制度化仍是弊大於利。2020選舉後，昂山素姬便訂下新政府推動修憲的目標，便是為了擺脫軍隊設下的枷鎖。

按緬甸軍隊內部規定，敏昂萊本應在今年完成其總司令的任期，把權力交拓其接班人。有論者認為敏昂萊把心一橫發動政變，可能擔心全民盟會利用議會的強勢實力，通過不同條文規範軍隊的商業利益——特別是兩家軍控企業「緬甸經濟控股有限公司」（MEHL）及「緬甸經濟公司」（MEC）——和他子女的商業王國，脅迫軍隊推動修改憲法。敏昂萊此前已經遭到國際制裁，倘若失去軍隊總司令這副免死金牌，又失去問鼎總統寶座的機會，其家族前途肯定不堪設想。這固然與敏昂萊個人慾望脫不了關係，但缺乏憲法的「保護傘」功能，上述誘因便難以成立。

軍隊特權早已存在，《2008憲法》只是把這些權限加固，再透過軍方操控的全國公投錦上添花而已。MEHL和MEC兩家軍企在90年代已經成立，幾乎在全國任何一個能夠鑽錢的行業，都會出現它們的蹤影。即使美國在二月已宣佈制裁緬甸軍隊領袖，但他們在美國的資產遠不及兩間軍企的營業額，後者更可直接撥款到軍隊，維持其獨立運作，源源不絕的提供財源打壓人權。（註：美、英在三月下旬

分別宣佈制裁MEHL和MEC，凍結它們在英美的資產，亦禁止國民與它們進行經濟活動，顯示他們加強針對緬甸軍隊打壓人權的行動）

公民社會反對政變，除了不滿軍隊公然拘禁民選領袖，編織不同罪名侮辱昂山素姬，同時也因為他們已經不能再容忍軍隊橫行霸道。軍隊和軍企之間存在著貪腐關係，不但為軍隊親屬友好提供便利，過去更動輒動員部隊將領強搶佔領土地，利用國家融入全球資本主義浪潮，「炒高」地價配合國家發展項目，趁機中飽私囊。面對強勢的軍隊，受害者往往只能啞巴吃黃蓮，因為過去軍隊曾經動用「煽動法」或「誹謗法」控告他們。

對那些長居邊境地區的民族而言，緬甸國防軍的罪行更是罄竹難書。泰緬邊境的克倫族人自1949年開始已經組織武裝部隊，與國防軍的衝突斷斷續續持續至今。即便雙方曾經簽署全國停火協議，但國防軍屢屢單方面撕毀協定。類似的狀況不止發生在克倫族身上。像居於緬北一帶的克欽族、西部的若開族、東北部的撣族，同樣在上世紀已展開了漫長的民族鬥爭，但這些民族的平民百姓要不成為國防軍的槍下亡魂，要不被逼遷徙到其他地方（註：這些民族內部亦出現打壓人權的現狀，例如徵用童兵）。事實上，號稱保護國家利益的國防軍，但久而久之已經變成一個單純捍衛緬族及佛教徒特權的軍事集團，絲毫容不下國內其他民族的聲音。

緬甸國內不同單位對國防軍都充斥反感及仇恨，相關情緒在政變後一浪接一浪的鐵腕政策下更是有增無減。正因如此，軍警的「恐怖管治」才成功聯繫了緬甸各民族的公民社會力量，讓CDM的覆蓋面跨越單一民族。另一方面，代表全民盟聲音的CRPH在三月三十一日推出的《聯邦民主憲法》，不但宣佈取締《2008憲法》，並承諾未來的「聯邦軍」將由民選的文人政府監督及管理。「新」憲法決意廢除軍隊既有特權，有人感動得燒掉手中的「舊」憲法慶賀，有人伺機悼念生前推動廢除《2008憲法》的人權律師，可見《憲法》不改，民怨不息。


## 視角三：大國角力的政治場力

從國際關係的層面理解，緬甸政變及示威運動也儼然成為了一場區域強國角力的競技場。緬甸處於中國和印度之間，又是東南亞國家聯盟（東盟／東協，

ASEAN）的成員國之一，亦是近年被看好的發展中國家，因此國內任何政治風波，都注定會吸引區域國家的關注。

過去兩個月，中國因為在政變初期拒絕聯同歐、美、日等國家或聯合國秘書長譴責政變行為，反以溫和的語調點出中方「注意到」緬甸發生的事情，「希望緬甸各方在憲法和法律框架下妥善處理分歧」帶出北京的立場，因此引起緬甸公民社會不滿。其後，《新華社》選用「緬甸軍方宣佈對政府進行大規模改組」描述緬甸軍隊的政變行為，在二月初一度阻止聯合國安理會發出譴責聲明。

隨著緬甸局勢升溫，北京（和莫斯科）在某些議題上鬆綁了，共同譴責緬甸軍隊使用暴力對待手無寸鐵的平民，但在制裁、施壓等措施上依舊祭出「不干預內政」原則為由，不願向歐美國家妥協。緬甸示威者經常要求外國全面停止向緬甸軍隊出口武器，甚至絕望得不惜呼籲國際社會武力介入。這些立場都與北京的態度截然不同，自然加深了緬甸示威者對中國的敵意，認定中國必定會護著緬甸國防軍的利益，或是背後默許軍隊發動政變。

從現實利益來看，緬甸內部穩定才會為中國帶來實際好處，而且北京過去跟昂山素姬建立友好關係，與緬北一帶的民族地方武裝勢力也有一定互動，早已成為緬甸政治的重要持份者，為中國在緬甸長遠推進「一帶一路」投資項目的藍圖鋪路。反觀緬甸軍隊內部，因為擔心中國在緬勢力愈發增長，近年積極與印度和俄羅斯強化關係，藉此對沖中國的影響力。

不過，CDM面對來勢洶洶的軍事鎮壓，還有關於中國外交部要求緬甸軍方好好保護石油輸送的新聞在網上流傳，導致中國的形象急速下滑。CDM的群眾不但屢次到中國駐緬大使館前示威抗議，三月中旬更有中資（及臺資）企業遭放火破壞（註：目前施襲者身份未明：有說法認為是示威者所為；亦有說法指定是軍方所為，惡意醜化示威者）。無論中國駐緬大使陳海怎樣澄清中國在政變的角色，都難以修補中國的形象。

然而，縱使歐盟、美國、英國多次針對緬甸不同單位進行制裁，但處於印太／亞太地區的其他盟友也不敢貿然作出太大反應。除了部份外資民企加入聯署，提出對緬甸局勢的深切關注外，亞洲國家政府普遍無意仿傚西方政府，向軍政府進行實質制裁。韓國和澳洲態度相對進取，各自中斷與緬甸軍隊的交流和合作。日本過去多次協助緬甸民族軍達成和解及停火，與緬甸軍隊關係相對友好，則在

三月下旬才「跟大隊」，暫停向軍隊提供新的官方開發援助。緬甸鄰國印度，在緬甸政變大致保持沉默，後來更應緬甸軍隊要求，遣返羅興亞難民及其他出逃的警察。

　　緬甸的東盟夥伴在處理緬甸危機時，同樣無法展現出一致的態度和立場。政變當日，東盟外長發出緊急聲明，表示所有成員關注緬甸政變局勢，呼籲緬甸重回正軌；三月二日，東盟外長召開視象會議，討論緬甸局勢時，提出有成員要求軍政府盡快釋放所有政治囚犯，建議各方停止使用武力，透過對話化解危機。印尼和新加坡在事件中也努力斡旋，嘗試為局勢降溫。然而，東盟成員國對緬甸狀況各有盤算，泰國、越南、寮國、柬埔寨擔心過度批評緬甸，會導致他們自身的威權體制遭到外界挑戰，因此泰、越、寮不避嫌的派出代表參加緬甸「軍人節」閱兵儀式，儼如接納「國領委」作為緬甸的唯一合法代表。

　　以上亞洲國家及區域組織不願杯葛緬甸軍方，一方面他們對制裁方法信心不大，認為措施對把心一橫的國防軍毫無阻嚇力；另外，他們也憂心把緬甸軍隊逼得太緊，不但無法平息亂局，更會把緬甸扛手相讓，任由緬甸投向其他大國懷抱。當中美關係愈發步向「零和遊戲」非黑即白的僵局下，其他國家對緬甸未來的定位更感焦慮。當然，這些做法會否得到緬甸示威群眾的認同，自是另一問題了。

## 視角四：一場突破與傳統的鬥爭

　　不過，撇除上述的對立關係，這場反政變運動似乎帶來更多此前難以想像的發展。許多過去被忽視的政治力量，或是傳統處於邊陲的聲音，憑藉參與這次抗爭，不但擴大了自己的聲量，更嘗試與其他力量達成和解，促進整合，突破內部和外界對緬甸政治結構的想像。

　　第一種力量屬於「Z世代」（Generation Z），即在90年代中葉至2012年出生的世代。整場緬甸反政變浪潮中，年輕世代的聲音十分活躍，熟悉網絡世界的都市年輕世代，懂得利用社交平台發放及吸收資訊，讓示威與跨國社運互相連結，成為「奶茶聯盟」的「加盟」夥伴。這一群「Z世代」既會使用吸引眼球的海報標語，博取外國媒體關注；又擅用「寧靜罷工」（silent strike）和「鮮花罷工」

（flower strike）另類的社運方式製造震撼效果，更掌握到不同方式迴避政府「禁網」的措施。不幸的是，界乎15-30歲這個年齡層的群組亦成爲了整場反政變示威中，最主要的犧牲者。

正因爲年輕世代帶動示威方向，他們才更能夠擺脫緬甸脆弱的民族關係，跟流亡海外的羅興亞人、居於邊陲地區的克欽族、克倫族、若開族、撣族等公民社會團體互相感受對方窘局，緬族青年願意公開在社交媒體平台上道歉認錯，彼此願意放下此前對「大緬族主義」的不安和執著，總算緩緩達成某程度上的和解。CRPH駐聯合國代表薩薩醫生（Dr. Sasa）更承諾，將會爲羅興亞人爭取公義，並一改全民盟以前的立場，宣佈以後將不再稱呼他們爲「孟加拉人」。政變發生後，不少民族地區武裝團體從最開始的觀望態度，逐步受制於地區內的公民社會團體，繼而轉向批評國防軍的高壓政策，暫時中斷與軍隊的停火談判。缺乏公民社會間的互諒下，這種轉變恐怕難以達成。

時至今日，克倫族和克欽族的武裝團體更多次爲抗爭者在示威沿途護航，而CRPH更宣佈把所有武裝組織從「恐怖及非法組織」名單中除名，藉此推動「聯邦軍」的計劃。即便是之前獲得軍隊招手的武裝組織「若開軍」，近日亦聯同其盟友發出聲明譴責軍隊暴行，揚言若果軍隊繼續殘暴鎮壓，他們會聯同示威者共同抗擊。當然，到底這些言論是空談，還是宣戰，尚且有待觀察。然而，聯繫著他們的其中一道線，並非大家對昂山素姬的尊重（畢竟非緬族民眾對昂山素姬及全民盟施政已感到心淡），而是年青世代之間的互動，以及彼此對國防軍的恨，讓民族和解變成可能。

在這次反示威浪潮中，婦女也成功尋得充權之道，搖身一變成爲社運的主力。緬族文化素來重男輕女，「男主外，女主內」的傳統觀念仍然牢牢烙印在社會脈絡中。這種現象在緬甸軍隊當中尤其嚴重。緬甸民間相傳，任何人在女性傳統服裝「籠基」下走過，便會召來惡運。示威者便利用軍隊對男權推崇備至的心理，借助此類迷信故事，在示威場地佈滿「籠基」、內衣、及女性衛生棉，拖慢軍警清場行動。此外，政變初期示威者在晚間敲著鐵鍋（意味家庭主婦）「辟邪」，在白天穿起緬甸各族女性民族服裝參與遊行，便是另一種爲女性充權的方法。華人讀者較爲熟悉的緬甸華裔示威者鄧家希遭軍隊實彈射殺，亦呈現出女性不比男性柔弱的道理。

以上提出的幾點視角，未必足以覆蓋緬甸政變的所有解讀方法，更遑論為緬甸未來去向提供任何預測。收筆之際，緬甸軍民對峙的局面已經邁向白熱化階段，雙方和解的機會亦愈見渺茫。希望此篇文章能讓各位讀者對緬甸複雜的形勢有所認識，繼續對緬甸政局發展保持關注。但願亂局能得到圓滿收場，平民百姓可以平平安安。

\* 本文原題〈緬甸政變及抗爭的多層面向〉

本章註

1　https://aappb.org/wp-content/uploads/2021/03/Fatality-List-for-March-31-Final.pdf

2　https://www.irrawaddy.com/elections/official-results-show-another-election-landslide-myanmars-ruling-nld.html

3　同上。

# CHAPTER 2

# 企業、傳媒與公民社會：
# 緬甸自由運動的不同群體

**激烈、流血的抗議取代了開始的集會；憤怒的緬甸人民，不再允許國內外企業見風使舵；而新聞業，正腹背受敵。**

周浩霖

# 一切都在迅速惡化

　　有時是軍政府在夜間拉斷網絡——第一次是2月15日的時候，那天，軍政府在全國各地部署了軍隊，以示對和平抗議的恐怖鎮壓；有時則是無來由的「系統故障」——就在3月5日，包括我居住的仰光在內，緬甸許多地方的電力供應都被切斷了。還記得2月15日那個斷網的晚上，害怕會發生更多的流血事件、害怕聽到更多的壞消息，黑暗中，我向窗外望去，這裡離仰光皇家湖（Kandawgyi Lake）不遠，很安靜，沒有槍聲，也沒有呼喊聲。

　　2月1日清晨，軍變的消息最早出現時，波光粼粼、綠油油的湖邊，汽車接踵駛過，人們在水邊慢跑——你能聽到計程車司機在談論內比都正在發生的政治風暴。幾天後，風暴便抵達了這裡。

　　聯合國開發計劃署總部所在的皇家湖沿岸爆發了抗議活動。橫幅和T恤都是代表著昂山素姬政黨的紅色，汽車鳴笛表示支持抗議者，還有每天早上充斥在這一片地區、循環哼唱的民主歌曲。很快，列儂牆也出現了，便籤上寫著英語和緬甸語的口號：「我們不想在獨裁下過情人節」、「我們的民主在哪裡？」、「我們的權利在哪裡？」……

　　不久，當局開始封鎖沿湖的主要道路，這裡的抗議活動被迫停止。仰光其他地區的小規模抗議活動和政府的血腥壓制接連發生；回到皇家湖邊，表面上看，一切與政權更迭的第一天，並沒有太大的不同。

　　事實上，過去幾週，一切都在迅速惡化。一開始大規模、朝氣勃勃、男女老少都參與的集會，已被更激烈的抗議所取代——由戴頭盔和盾牌的年輕人領導。他們冒著越來越大的生命危險，見到警察軍人便如臨大敵。根據緬甸人權機構政治犯援助協會（AAPP），截至3月10日，已有超過60人死於暴力鎮壓，共有2008人因與2月1日的政變有關而被逮捕、起訴或判刑。

　　一種更陰沉、甚至是末日般的氣氛籠罩下來。

　　每條街道都有停擺的跡象，許多街道被軍政府封鎖了。即使在抗議規模較小的日子裡，許多商店也都關門歇業。2月中旬，第一次實施晚上8點的宵禁時，一名計程車司機告訴我，由於執法不力，他們還可以在8點30分之前開車離開。現在，7點過後就很難叫到計程車，司機們害怕夜間暴力，趕在宵禁前回家。

有英語和緬甸語貼文的列儂牆。圖：作者提供

針對和平示威者的致命槍擊事件最近在日復一日地發生。3月8日，軍政府強制接管了商業首都仰光和其他城市的醫院、大學和學校。官方媒體MRTV稱：「政府的耐心已經耗盡，在試圖將制止騷亂的傷亡人數降低，大多數人在尋求完全的穩定，（並）呼籲採取更有效的措施對付騷亂。」

市民們知道，軍方是在癡人說夢。3月6日這個週末，包括建築、農業和製造業在內的至少9個工會便呼籲所有緬甸人民和工人舉行罷工，推翻政權。工會在一份聲明中寫到：「採取行動捍衛我們民主的時候，就是現在。」

## 施壓，在企業身上

29歲的Moe Thein參加了在仰光中國大使館外舉行的一系列抗議活動，他希望中國、國際社會和投資者停止站在軍政府的一邊。Moe Thein說：「我和許多年輕抗議者都不用華為和中興的產品，因為它們與軍方和中國政府有聯繫。」

對他和許多民主支持者而言，一些緬甸大亨和外國投資者在拒絕表明反對軍政府的立場——而這一點，應當受到這個社會的懲罰。

在軍方奪取政權後不久，緬甸各地的和平抗議活動，加上大規模的「公民不合作運動」，使這個國家的經濟活動和整個銀行系統陷入癱瘓。針對「緬甸啤酒」等與軍方有聯繫的品牌的抵制運動已經展開，超市、酒店和當地的小商店都拒絕銷售這些產品。政變發生後，日本麒麟（Kirin）、新加坡投資者、雷蛇公司聯合創辦人Lim Kaling和其他一些公司已經切斷了與軍方的商業聯繫。

自從包括仰光在內的全國各地發生了多起大規模的武力升級和致命槍擊事件以來，公眾的情緒已經更加強硬。活動人士已經開始呼籲抵制那些欣然接受軍政府的企業。

當一方在殘殺另一方時，抗議者表示，商人以「中立」或「在商言商」為由保持沉默，是不被接受的。

2月16日，新加坡外交部長在新加坡議會上建議，在討論緬甸政變的時候，要將政治和商業分開後。隨即，緬甸民眾開始在社交媒體呼籲抵制新加坡品牌，新加坡品牌美滋鍋（Beauty in the Pot）、翡翠（Crystal Jade）、麵包新語（BreadTalk）、拉麵（Ippudo）和Ya Kun Kaya Toast等都成為了民眾抵制的目標。新加坡大使館外，也發生了抗議活動。

2月28日傍晚時分，仰光偌大的美滋鍋（Beauty in the Pot）火鍋餐廳只有三桌客人。一名服務員告訴我，公司沒有受到每日抗議活動的影響，但抵制活動「些許」影響到了業務。

「我們不會輕易忘記那些暗中支持政權的軍方裙帶關係戶和商人。」來自伊洛瓦底地區的年輕金融服務專業人士Moe Thein告訴我，「抗議者，尤其是年輕一代將抵制他們的服務和產品。公眾已經更加意識到他們所擁有的選擇，以及消費者可以如何向企業施壓。」

「我們期望外國和本地商人抵制軍隊持有的企業及其同夥，拒絕與軍政府會面或接觸，並停止向該政權納稅。」他說。

在緬甸的各種商業行為，正在受到來自公眾更嚴格的審查，即使它們與軍政府沒有直接的合作關係——那些被視為親政府的企業也感受到了公眾的憤怒。

作為緬甸規模最大和最具影響力的商業機構，緬甸工商總會（UMFCCI）已經暫停了總部的運作。此前，工商總會因被視為支持軍政府（其董事在軍變發生兩天後便與敏昂萊會面）而被公眾點名批評，並被指控向其秘書處的員工施壓，

要求員工們退出「公民不合作運動」。工商總會否認了這一指控。

A1建築公司主席、緬甸旅遊總會（MTF）的主席Yan Win曾要求旅遊總會成員組織不要談論政治，專注於旅遊業發展，這一言論令許多旅遊業人士極其憤怒。「Yan Win 的立場更像是『我們需要關注與商業有關的問題，不應該惹惱掌權者』。」一名參與討論的旅遊運營行家對我說。由於事件的敏感性，這名高管不願意透露姓名。

「早在2月3日，旅遊業人士就已經開始抨擊旅遊總會未能譴責政變。2月5日發表的聲明只會讓事情變得更糟。許多人現在覺得這個組織令人厭惡和不安。」這位旅遊業行家補充說。

反對聲浪很快就來了。緬甸導遊協會退出了旅遊總會，其他幾個行業協會的代表拒絕參加2月10日與軍政府任命的旅遊部長會面，這位部長是一名前將軍。


## 掙扎中的媒體

政變後不久，在《緬甸時報》（*The Myanmar Times*）的新聞編輯室，大批記者和編輯因審查制度，用辭職的方式向管理層表達了抗議。據該報員工說，多種因素共同引發了這次抗議，但最後的一根導火索是該報命令駐內比都的記者報導一場軍事新聞發布會，這違背了許多想要抵制這場發布會的記者的意願。

他們沒有想到的是，《緬甸時報》很快會消失在舞台上。

2月23日，緬甸綜合媒體（Myanmar Consolidated Media）宣布在接下來的三個月暫停全部業務運營，就包括緬甸唯一的非國營英語日報《緬甸時報》，及其相應的緬甸語刊。

這場「自爆」似乎是緬甸媒體界將要發生些什麼的預兆。軍政府奪權後，就開始指示新聞機構不得使用諸如「政變政府」、「軍事政權」和「軍事委員會」等詞彙。這些指令引發了媒體業內的強烈抗議，大多數主要媒體公司都發表了聯合聲明，稱他們會「繼續自由地寫作和廣播」。

軍事政權吊銷了五家媒體的執照，突擊包括*Myanmar Now*，*Kamayut*和*Mizzima*在內的數間新聞編輯室，逮捕了數名在示威現場報導的記者，包括美聯

社在當地的記者；每晚，政府都會切斷互聯網，並且禁止了社交媒體和維基百科的使用。

「軍政府已經證明，它有能力在鎮壓中使用最殘暴的手段，而不顧國家和我們的人民正在付出的代價。」當編輯部在3月8日遭到安全部隊突襲後，*Myanmar Now*的一名資深僱員這樣對我說。

「駭人聽聞，緬甸的新聞自由已經蕩然無存。」他告訴我。

2013年，作為其政治改革的一部分，前總統登盛政府取消了長達幾十年的新聞審查。從那以後，緬甸最大城市仰光各地的街頭報刊亭裡，開始裝滿五彩斑斕的期刊和小報。

在緬甸媒體市場上，不能不提的是緬甸綜合媒體。其英語出版物《緬甸時報》在2015年從週報轉成了日報，成為了2015年歷史性大選中的權威英文資訊來源。在那場大選中，昂山素姬和她的全國民主聯盟取得了壓倒性的勝利，繼而組內閣，和軍方聯合執政。

但是，緬甸時報隨後撤換、解僱了很多記者和資深編輯，又害怕得罪權貴和廣告商而自我審查，不少讀者都認為報紙的質量急劇下降、一蹶不振。

我從2016年到2021年期間曾在《緬甸時報》就職記者和編輯，經歷了「大地震」，目睹自我審查壓力，並曾與六任總編和署理總編共事。舉例來說，「羅興亞（Rohingya）」這個詞被禁止使用，雖然我和我的團隊常常違反這個命令。不少同事一直致力重建時報作為一個獨立、專業和有道德媒體的聲譽。但報社的聲譽再也沒有恢復。

《緬甸時報》過去數年的挫敗，其實是緬甸媒體在昂山素姬2016年登上了權力的寶座後的縮影。全國民主聯盟（全民盟）執政後，並沒有解散國家媒體機構，並且繼續讓記者們以惡法被逮捕和起訴。昂山素姬還公開為監禁兩名路透社記者的事件辯護，這兩名記者揭露了軍隊對羅辛亞穆斯林的大屠殺。

這並不是說《緬甸時報》，或者全部緬甸媒體都是官方喉舌。仰光省省長Phyo Min Thein就一篇宣稱他收受賄賂的文章，將緬甸*Eleven Media*媒體集團告上法庭；*Myanmar Now*對軍方相關事件的調查報導，直接導致了兩名軍方官員辭職。*Myanmar Now*的主編在2019年底的一次家庭度假中，腿部中槍，很多人認為這起傷害事件是對其媒體調查的報復。

《緬甸時報》一些商業、能源和選舉的專業報導仍然受到尊重，並不時引起全民盟領導的政府、以及我的一些親建制派同事的憤怒和不滿。一位著名的新加坡智庫專家甚至稱讚時報「提出了所有關於招標、經濟政策和治理的棘手問題」。

　　儘管挑戰重重，時報一直在一瘸一拐地前進。在多年的管理不善、受疫情影響收入和資源匱乏後，時報在軍方奪權不久後終於「壽終正寢」，在2月23日宣布暫停運作三個月。


## 憤怒公眾手裡的「武器」

　　《緬甸時報》的停運，也給整個商界敲響了警鐘，他們被夾在一個毫不猶豫地射殺手無寸鐵的平民的威權政權和決心以經濟實力震懾商家的憤怒的公眾之間。

　　緬甸綜合媒體的業主是知名大亨登敦（Thein Tun），他還是丹麥啤酒商嘉士伯（Carlsberg）在緬甸的合作伙伴。而嘉士伯則是首批公開表達對政變擔憂的重要投資者之一。這家跨國釀酒商與東南亞國家一些最大的國際投資者通過一份公開聲明表示：「我們希望看到一個依照緬甸人民的意願和利益，建基在對話與和解上，並能迅速解決當前局勢的出路。」

　　這份商界的聯合聲明說：「作為投資者，我們與緬甸人民（包括民間社會組織）享有一個「共享空間」。從這個「共享空間」，我們所有人都受益於對人權，民主，基本自由（包括言論自由以及集會和結社自由）和法治的尊重。」這份聲明由在緬甸德高望重的前英國駐緬甸大使鮑曼（Vicky Bowman）所領導的緬甸企業責任中心（MCRB）促成。

　　在這份聲明上簽名的公司包括挪威電信（Telenor）、日資Daizen、新加坡私募股權公司Ascent Capital、丹麥的馬士基、法國的Total、卡塔爾的Ooredoo、澳大利亞的Woodside、義大利的ENI、美國的可口可樂、雀巢和H&M，以及緬甸最大的商業銀行KBZ，還有緬甸華裔大亨潘繼澤（Serge Pun）旗下的許多公司。這些公司，代表著在緬甸數以萬計的工作。

　　關注緬甸的政策專家告訴我，此時此刻，消費者抵制的風險真實存在，商人

已經不能假裝他們的商業前景與他們應對新政權的方式無關了。就算在國外也有風險，一位駐仰光的商業分析師說：「如果軍政府繼續執政，那些被視爲在討好軍方的商人會發現，自己出現在了未來的制裁名單上。」

許多企業開始擺脫最初對公開反對軍政府的猶豫，但一些投資者也擔心，如果他們反擊或單獨發言，員工的安全將受到威脅。還有一些高管認爲，面對一個正在殺害街頭民眾、喪心病狂的政權，企業的抵制、甚至投資者撤出的威脅都不會起到有效作用。

但是，抗議者和公眾認爲，商界都可以發揮關鍵作用，從支持公民不合作運動到影響政權的合法性和財政都是如此。

首先，私營部門是緬甸經濟的關鍵，與軍隊、公務員或宗教團體相比，私營部門才是緬甸最大的僱主。企業對運動的取態將影響到「公民不合作運動」在未來幾個月能否維持和生存；企業是否繼續納稅將影響到該政權的財務狀況，尤其是那些在利潤豐厚的石油和天然氣行業運營的企業——很多人正在呼籲這些企業，不要向軍政府納稅。

有些公司已經採取行動。總部位於仰光的公關公司ERA Myanmar在政變發生一天後就宣布「不再給任何與軍方有關係的公司提供服務」。2月27日，該公司還表示，將開始爲在抗議活動中被捕的記者支付保釋費。

挪威電信（Telenor）此前一直向外界公開披露來自緬甸當局的指令，後來表示不能再繼續做出披露。不過，這家公司的網站上，依然一直披露緬甸目前是否有數據服務，並公開反對軍政府提出的懲罰性網絡安全法律草案。

挪威電信保持透明度的努力有被抗議者認可，「挪威電信爲（緬甸）人民挺身而出，我支持他們，」仰光一位名叫Shwe的千禧一代抗議者對我說，「如果互聯網服務供應商和運營商能夠集體爲人民挺身而出，那將是反對軍政府的巨大力量。」

也有跡象表明，即使軍政府近期並沒有太關心商界的反應，軍方將領們還是保持關注的。一個例子是，在遭到國內外商界前所未有的一致反對後，軍方擱置了嚴厲的網絡安全法案，通過修訂電子交易法的方式，悄然採納了部分提議。一向親建制的緬甸工商總會以及十幾家外國商會，都公開反對網絡安全法案草案，這在緬甸，前所未有。

# 後記

2月4日，26歲、家在緬甸東部彬烏倫（Pyin Oo Lwin）的Marina，與媽媽一起到了曼德勒。在國外長大的她，反對軍政府的政變和獨裁，決心參加抗議。一開始，「很和平，更像一場遊行，路上有成千上萬人，」電話那頭的她回憶道，「每個人都在唱著口號。」

可到了2月9日，她們就目睹了警察對平民使用水砲和橡皮子彈。「有一個人被水砲擊中，他的身體被強烈的水流擊中後身體飛了起來。媽媽讓我把傘給他，街上的人立刻圍著他，為他遮擋水砲。另一位示威者嚇得緊緊抓住我的手。」她說，「然後我聽到了一些槍聲，媽媽說那是橡皮子彈。我開始無法呼吸，附近的人開始嘔吐，而且我已經什麼都看不清楚了。」

那時，隔著催淚瓦斯，她知道警察就在她背後，她不知道他們會做什麼，「很害怕，他們會向我開槍。」

短短幾週內，Marina就目睹或聽說了更多的暴行。2月中旬，在曼德勒碼頭的抗議中，她一位朋友目睹面前的抗議者被狙擊手擊中頭部，「他逃回來並告訴了我那個恐怖的場景。」過去的這一個月，Marina一直留在曼德勒，一直在參加抗議，她說：「我們對失去的生命感到不安，但我們並不害怕。」

她說，抗議者們都明白，要想推翻軍政權，一定會需要「付出高昂的代價」。

面對極端鎮壓，抗議者們仍在頑強應對，他們在反抗軍方安全部隊時也越來越有創意。包括3月8日婦女節在內的很多時候，一些地方的居民和抗議者會在街道上掛上籠裙（htamein）。在緬甸，有一種迷信認為，走在女性的籠裙下面，會給男性帶來厄運，削弱他們的「hpoun」——男性的榮耀。令一些人感到驚訝和好笑的是，軍方的士兵們在進入街道之前，都會先去取下掛著的籠裙。

想出這樣方法的是Z世代的年輕人，而那些中老年的士兵，仍然迷信、仍然害怕失去「男人的力量。」Marina也留意到這樣的作法，她說，這意味著「我們的運動不只是針對一個人或一個政黨，而是關於平等，打破緬甸父權的性別平等。」

她說：「我們在用籠裙來威懾士兵，去挑戰緬甸的男性統治。」

* 本文首刊《端傳媒》，原題〈緬甸軍變六周：公眾強硬、企業與新聞人，「挺身而出的，都是巨大的力量」〉

CHAPTER 3

# 內外交困的改革：
# 緬甸軍政府的處境

馮嘉誠

根據過去十年的往例，即使是美國的盟友，多半也都不太願意配合歐美對東南亞國家的經濟懲罰行動，擔心這樣反而會逼使東盟國家變得像柬埔寨一樣，向北京投懷送抱。2017年歐美國家高調批評緬甸處理羅興亞問題後，考慮重新推動制裁，卻反而刺激昂山素姬對中國、日本、韓國的投資更開放，抵銷歐美國家減少對緬投資做成的影響。

　　2月1日清晨，緬甸國防軍發動「政變」，把國務資政昂山素姬、總統溫敏（Win Myint）、以及執政黨全國民主聯盟（NLD、全民盟）的重要成員與國會議員拘禁（註：根據緬甸軍隊的說法，有關行動符合緬甸憲法規條，故此並非「政變」），宣佈國家進入長達一年的緊急狀態，由國防軍總司令敏昂萊（Min Aung Hlaing）大將掌管國家行政、立法、司法權。民選政府不消幾小時被軍隊徹底取締，軍方從過去十年隱居幕後，一下子全面進場。外界擔心緬甸將會重新返回改革前的原點，就像《經濟學人》設定的標題「緬甸政變把時間撥回十年

▍緬甸民眾舉著「反對軍政府」的口號示威。（圖片來源：Wikimedia Commons）

前」（Myanmar's coup turns the clock back a decade）一樣：全民盟被打回原形變成在野黨，軍隊重拾1988年政變後的主導地位，言論、示威集結、資訊自由一律遭到政權打壓。

縱使「回到過去」的論述相對簡單歸納緬甸政局的狀況，但緬甸歷經十年的政治、社會、文化變化，卻不應被輕易抹去。當下東南亞處身於中美競賽的格局下，客觀氣候與上屆軍政府「國家和平與發展委員會」（SPDC，和發委）面對的條件亦截然不同。本文將會分析緬甸內部政治的轉變，再集中討論國際環境會如何左右新政府「國家領導委員會」（SAC，國領委）的政權。

緬甸按照軍方譜寫的《2008憲法》，度過了十年的「紀律民主」（disciplined democracy）實驗。但這種「紀律民主」的體制終究還是脆弱的，尤其當主流（緬族）民意敵視軍隊過去濫權的歷史，對民選政府的領袖昂山素姬（注意，是領袖，不是政黨）奉若神明。

國防軍一直擔心釋放權力只會給予全民盟一個藉口「秋後算帳」，清算所有國防軍骨幹，又或者透過國會過半數絕對多數議席，覆核及檢討有利國防軍的現行法案。當全民盟屢次重申其修憲決心，挾著其龐大的民意認授向軍隊施壓，自然被國防軍視爲「逼宮」之舉，整裝待發另起爐灶。

緬甸文武體制一日不變，民選政府一日無法取信於國防軍，《2008憲法》設計的政治框架，這種矛盾每隔一段時間便會重新上演。任何人擔任民選政府領袖也好，國防軍總司令也好，只要這種互信基礎破裂，文、武之間的衝突都必然是常態。不過，我們應該如何看待緬甸如今這個軍政府呢？我們從目前所得的資訊中，可以如何理解軍政府在奪權以後的執政計劃？

## 無意改革的「軍方資本主義」

在上屆軍政府和發委管治期間，緬甸雖然逐步解除國有經濟的「緬甸社會主義道路」模式，推動私有化及市場化，但當中得益者中絕大多數都是與軍方有緊密關係的「愛國商人」，如涉足酒店、航空、建築、伐木業於一身的圖集團（Htoo Group）主席岱扎（Tay Za）、大緬甸集團（Max Myanmar）主席卓卓

（Zaw Zaw）等人，都是國家推動這種「軍方資本主義」的受益人之一。

敏昂萊的前任、緬甸軍方前總司令丹瑞（Than Shwe）領導和發委期間，扶植了軍營巨企「緬甸經濟控股有限公司」（前稱「緬甸聯合經濟控股有限公司」，MEHL）及「緬甸經濟公司」（MEC），其子公司業務橫跨開採翡翠、紅寶石、藍寶石、天然氣等國家天然資源，至到酒店、銀行等服務行業，並透過與海外資金進行聯營，爲軍隊高層帶來巨大私人受益。

事實上，即使2010年後軍隊把部份權力轉移至文人政府手上，上述的軍商聯繫卻不曾中斷。2011年，軍政府前總理、丹瑞親信登盛（Thein Sein）以改革派的姿態打擊貪腐，透過制訂法規，強制所有企業——包括MEHL與MEC——在繳交稅款，增加企業透明度等做法，稍爲緩和軍政府年代的作風。此外，登盛廢除多項貿易限制措施，加強中小企在經濟發展的位置，有趣的是，曾經批評「軍方資本主義」造成經濟社會不公的昂山素姬，在2016年執政以後，同樣沿用著登盛的「新自由主義」市場改革，設立經濟特區、加強外資迎商環境。

本來以軍政府姿態回朝的敏昂萊，似乎有很大誘因重新推動「軍方資本主義」，把部份資產重新交由軍隊「托管」，確保軍隊及個人經濟收益。然而，國領委的成員名單中，有不少經濟官員都來自登盛與昂山素姬政府，包括規劃、財政及工業部長雲盛（Win Shein）、投資暨對外經濟關係部長昂乃烏（Aung Naing Oo）、緬甸央行行長單英（Than Nyein）。前年退出全民盟、另組人民先鋒黨（PPP）的女商人岱岱凱（Thet Thet Khine），在上屆國會中擔任銀行及財政發展委員會成員，同樣獲邀出任新政府的社會福利部長。這一切部署都明確發出一個訊號：經濟活動一切如常。

二月初，新任外長（亦是前外長）溫那貌倫（Wunna Maung Lwin）和國際合作部部長哥哥萊（Ko Ko Hlaing）與外國領事官員會談時，強調國家會在疫情肆虐下，優先處理國家農業發展。有趣的是，推動農業改革本來是昂山素姬2015年參選的政綱之一，但一直未有蹤影。

緬甸公民社會團體「爲緬甸爭取公義」（Justice for Myanmar）抨擊敏昂萊過去分別介入軍方生意，其子女亦受惠於父親的權貴脈絡時常換取經濟特權。即使如此，但新政府似乎無意推倒過去十年經濟改革的方針，「新自由主義」政策路線仍會是經濟政策的主導方向。

■ 2021年2月9日，緬甸克倫邦首府帕安市的抗議民眾。（圖片來源：Wikimedia Commons）

## 敏昂萊夠穩嗎？緬甸的軍隊派閥

　　緬甸國防軍前總司令丹瑞在1992年接掌和發委（當時稱「國家恢復法律與秩序委員會」，SLORC）後，翌年召開全國會議，商討安排政變後的憲法安排，直至1996年因為多次與全民盟鬧翻而宣佈暫停，到2004年才重新推動。根據緬甸前資訊部長耶塔（Ye Htut）在《緬甸的政治轉型與失落的機會（2010-2016）》一書記載，丹瑞早在1992年已希望尋求一個方法改造政治秩序，能夠實踐多黨民主制度的同時，卻必須賦予軍隊一個重要持份者的角色定位。

　　不過，丹瑞當時首要任務並非忙於締造緬甸政局的新秩序，而是重整軍隊及軍政府內部的人事安排。丹瑞能夠登上和發委的主席寶座，全因他成功聯同其他軍隊骨幹成員第一秘書長欽紐（Khin Nyunt）與第二秘書長丁吳（Tin Oo），向退居幕後的元老級人物、前強人領袖尼溫（Ne Win）施壓，要當時和發委主席蘇貌（Saw Maung）承擔1990年國會選舉的敗選責任。此後，丹瑞以貪腐之名，把多名軍階接近的軍隊將領拘捕，提拔親信，鞏固勢力地盤。

　　2004年，丹瑞以同樣罪名，把籌備「緬甸七點民主路線圖——一個「恢復」緬甸民主的承諾——的總理、代表軍隊情報派系的欽紐除去官職。同年，丹瑞才決定重新召開全國會議，繼續商議新憲法的籌備工作。

敏昂萊目前所面對的狀況，與丹瑞年代似乎有所分別。儘管國防軍的政治派閥相當不透明，但敏昂萊擔任軍隊總司令至今，軍隊內部並沒有明顯的權鬥狀況。隨著全民盟在2016年正式接掌政權以後，丹瑞在軍隊的影響力更是徹底消失。敏昂萊在去年更嘗試提拔較年青的軍隊官員，希望能夠在軍隊任期之內扶植接班人，延續其影響力。從此推算，目前敏昂萊的地位理應相對鞏固。

不過，這個狀況有時間限制：根據2014年修改的《防衛服務法》規定，敏昂萊必須在今年2021年滿65歲內卸去軍隊總司令的職務。這是一個新設條件，此前並沒套用於任何一位總司令身上。換句話說，若果在不修改《防衛服務法》的情況下，敏昂萊改革政治制度（或選舉制度）的時間相當緊逼。然而，假若敏昂萊無限期延長其總司令的任期，只怕會促成軍隊內部矛盾，為自己在軍隊的地位造成不穩。

▍圖左為緬甸軍政府總司令敏昂萊與菲律賓總統杜特蒂合影。
（圖片來源：Wikimedia Commons）

## 中美的緬甸角力：制裁有用嗎？

2021政變發生後，美國總統拜登向緬甸國防軍喊話，要求後者盡快釋放昂山素姬，讓緬甸回後民主制度，否則將會有所行動。美國國家安全顧問蘇利文透露，有關制裁行動可能以「名單制裁」方式實行，除了打擊個別人士以外，或許會包括與軍方有關聯的企業（主要是MEHL和MEC或旗下公司）。不過，這樣的制裁很大程度上只會是象徵式，多於實際效用。軍隊進行政變後，立即組成管治團隊以示「一切如常」，制裁對軍隊內部團結短時間影響有限。

首先，美國在2019年已經把敏昂萊、現任國領委副主席梭溫（Soe Win）、丹武（Than Oo）、昂昂（Aung Aung）四名軍隊將領列入「全球馬格尼斯基人權問責法」的制裁名單之中，凍結他們在美國的所有資產，亦禁止美國公民與他們進行任何交易。雖然制裁目前依然有效，但是他們本人在美國的資產數目不多，美國即使再向這批官員加強制裁，似乎作用不大。即使MEHL和MEC也被列進制裁名單，但當中在美國註冊的企業只有兩所，其餘大部份公司都在緬甸、香港、中國、日本、韓國註冊。即使日本啤酒巨企麒麟成為首間退出MEHL合作的外資公司，但其他企業暫時未有作出類似表態；除非美國有意把其他關聯企業也列入制裁的適用範圍中，否則制裁只能發揮象徵式意義。

另外，隨著緬甸加強與東南亞及亞太地區的整合提升，美國和歐洲的制裁似乎成效甚微。中國、日本、韓國、泰國、新加坡過去幾年積極拓展在緬甸的基建合作工程，包括：中國主導的「中國緬甸經濟走廊」（CMEC）、日本資助的「迪拉瓦經濟特區」、韓國與緬甸合作的工業園區計劃、泰國Amata公司負責的仰光智能城市計劃、新加坡—緬甸工業園區等。再加上去年與中、日、韓、澳、紐通過的「區域全面經濟夥伴計劃」（RCEP），讓歐美國家的制裁力度大幅減弱。

根據過去十年的往例，即使是美國的盟友，多半也都不太願意配合歐美對東南亞國家的經濟懲罰行動，擔心這樣反而會逼使東盟國家變得像柬埔寨一樣，向北京投懷送抱。2017年歐美國家高調批評緬甸處理羅興亞問題後，考慮重新推動制裁，卻反而刺激昂山素姬對中國、日本、韓國的投資更開放，抵銷歐美國家減少對緬投資做成的影響。

▌軍事政變後，緬甸警方拉出警戒線。（圖片來源：Wikimedia Commons）

　　當中美在東南亞全面競逐影響力的現實下，經濟制裁只會削弱美國在東盟地區的競爭力。2014年，美國為回應泰國軍事政變，決定暫停對泰國部份軍事援助，取消軍事交流，並減少參加聯合軍演的參與人員，以示「關係降級」。然而，有關「制裁」卻刺激泰國加強尋求替代，反而促進中國與泰國的軍事合作，並成為首個購買中國潛艇的東南亞國家。相反的，即使美國和泰國的同盟關係仍然生效，但兩者貌合神離的狀況令人尷尬，加上政變導致關係疏遠，反而對美國的戰略利益打折扣。

　　白宮新上任的「印太事務協調官」坎貝爾（Kurt Campbell）在2016年出版的 *The Pivot* 一書中，已經勾勒出美國該如何回應東南亞地區的人權問題：他認為「接觸」──而非「杯葛」──才能夠有效推動個別國家的民主進程，而制裁政策應該具針對性，確保普通市民不會受到影響。強硬的制裁方式可能足以彰顯美國對宣揚民主的決心，但其效果若直接干預平民生活，卻只會促成反彈。緬甸軍方善於煽動民族主義及排外情緒而言，坎貝爾這點建議尤關重要。面對中國日益加強的影響力，美國的戰略考慮，可見國際社會不能高估制裁對緬甸軍政府的約束力。除了透過經濟制裁，國際公民社會或許需要思考其他可能性。

* 本文首刊「udn Global轉角國際」，原題〈翁山蘇姬的垮台？緬甸政變「軍政府2.0」重返下一步〉

# CHAPTER 4

誰是誰的朋友？
中國、歐美與東亞各國的尷尬角色

施穎諺

於是，面對突如其來的緬甸政變，中國選擇支持軍政府可以說是無可奈何的賭博：說到底，中國最希望緬甸能夠維持和平穩定的局面，才有利各項投資計劃的進行，而中國駐緬甸大使陳海接受訪問多番強調現時狀況「絕對並非中國希望見到的」，絕非客套說話。突如其來的政變其實反而令到中國騎虎難下，中國只好無奈接受如此局面，而偏向軍方是其唯一可取的選擇。

執筆之際，緬甸政變發生至今已經第21日，政局動盪不安，流言四起。其中最廣為流傳的莫過於中國介入緬甸政變，協助軍政府鎮壓人民的消息：Twitter上瘋傳多班飛機由中國昆明飛往緬甸仰光，中國軍人協助進行鎮壓，中國工程師協助封網等等。無論是網民抑或是緬甸民眾都一致地認為中國背後支持軍方政府，緬甸反政變示威者於2月11日去到中國駐該國大使館前示威，要求北京停止支持軍方，緬甸18所大學的學生會亦向習近平發出公開信，要求中國「尊重緬甸人民的意願」。縱使種種證據都指向中國大力支持緬甸是次政變，但觀乎中國及緬甸的歷史及利益，政變卻似乎不是中國最想見到的局面。對於北京來說，打亂了原本昂山由於羅興亞問題而失去西方而必須向東方靠攏的原況，緬甸軍方和昂山這個命運共同體忽爾起了事故，對於北京來說並非好消息。


## 比起緬甸軍方，中國其實更樂意與昂山素姬合作？

儘管中國政府與緬甸軍政府的近年保持一定的關係，但兩者的關係其實可以說是各懷鬼胎，北京實際上有相當多的理由去維持昂山的權力和她對於軍政府的掣肘。自1948起，不但背後得到中國共產黨支持的緬甸共產黨一直被緬甸掌權者打壓，中國亦一直提供軍備給予緬甸北方邊境的少數民族，令到本身與少數民族多年交戰的軍方大受困擾，與中方會面之際亦曾經提出對此提出抗議。2011年軍方登盛政府執政期間，主動宣布停建爭議不斷，由中國投資的大型計劃密松大壩（密松水電站）。種種舉動都不約而同顯示出軍方對中國心存芥蒂，緬甸軍方亦不想過份依賴中國，經歷過2008年期間中國發展中緬油氣管道橫跨整個緬甸，更擔心無法控制中國於緬甸的發展。

比起互相猜忌的軍政府與中方，中方與昂山素姬領導的全國民主聯盟更為合

拍。當昂山素姬因爲羅興亞人事件而於西方跌落神壇，失去西方投資後，昂山素姬轉而尋找區內其他國家的合作，其中一個正是積極擴展東南亞勢力的北京政府。2020年1月習近平訪問緬甸與昂山素姬會面，簽訂多達33項雙邊協議，其中包括西邊皎漂（Kyaukphyu）建立深水港，高速高路連接昆明去到皎漂同仰光，中國緬甸經濟走廊等，而這些項目在中國一帶一路的計劃當中扮演著重要角色，極具戰略意義。其中皎漂建立深水港，以及興建連接中緬的高速公路能夠讓中國從雲南通過緬甸直達仰光等港口轉入印度洋，繞過繁忙的馬六甲海峽，大大促進貿易上的便利性。不得不提的是，中緬油氣管道的其中一個連接到的正正是皎漂，在皎漂建立深水港並通過管道運送能源返回中國，能令中國的能源進口避過敏感的馬六甲海峽，確保能源的安全及穩定。戰略上，中國通過一帶一路計劃與緬甸及巴基斯坦的合作，能夠夾擊東亞另一個強敵印度。若上述基建落實，南海再不成爲中國連接西方海上唯一道路，變相打破區內平衡，甚至打亂美國本身於東南亞以及南海部署。

中方與昂山素姬執政時的合作不只2020所簽訂的投資方案。2021年1月12日，即軍方政變3星期前，國務委員兼外長王毅訪問緬甸達成多項共識，當中包括抗疫上的合作，如提供抗疫物資，無償提供新冠疫苗，以及商談疫苗合作等。因此可見自昂山素姬開始與中國合作後，昂山素姬領導的全國民主聯盟其實與中國關係相當穩定，背後似乎沒有誘因支持軍方的政變，更違論政變前三個星期，北京才剛剛再與昂山素姬一方簽署新一輪的雙邊協議。


## 中國「被逼」支持緬甸軍方政變？

政變發生後，對中國原本在緬甸的盤算造成巨大的衝擊。政局不穩，罷工處處，令到原本所投資的項目全部都要延期，而新一波的排華潮亦令到本身滿城爭議的中方投資項目，再增添民怨。無論是中緬油氣管道抑或是連接昆明到仰光皎漂的高速公路，都必須穿過戰火不斷的緬甸北方少數民族一帶的區域。中國曾經爲了其投資計劃走訪多個少數民族勢力，昂山素姬仍然在位期間亦與這些少數民族勢力簽訂了許多停火協議。但政變後令到少數民族與軍方的衝突再次升溫，昨

日克欽邦（Kachin State）流出消息，有短片顯示克欽獨立軍（KIA）與緬甸軍第99師駁火，而有許多軍隊從曼德勒北上前往密支那（Myitkyina），嚴重威脅中國投資建設的安全。

雖則如此，政變始終不是中國能夠控制的事，即便中國的確提早知道軍方有政變的意圖。1月中王毅到訪緬甸期間除了會見昂山素姬之外，亦有會見敏昂來，相信敏昂來於會面當中可能有向中方透露過政變的意圖，甚至以批准密松水電站為籌碼爭取中國的支持或支援，希望至少確保即使面臨國際排擠仍然能夠與中國貿易。

於是，面對突如其來的緬甸政變，中國選擇支持軍政府可以說是無可奈何的賭博：說到底，中國最希望緬甸能夠維持和平穩定的局面，才有利各項投資計劃的進行，而中國駐緬甸大使陳海接受訪問多番強調現時狀況「絕對並非中國希望

▋ 緬甸軍政府總司令敏昂萊（Min Aung Hlaing，1956-）。
（圖片來源：Wikimedia Commons）

見到的」，絕非客套說話。突如其來的政變其實反而令到中國騎虎難下，中國只好無奈接受如此局面，而偏向軍方是其唯一可取的選擇。緬甸軍方作為緬甸現時的主權者，若然不與其交好，則中國投資堪憂，甚至動搖現有中緬油氣管道的安全。當然，考慮到緬甸軍方長期被國際排擠，中國或可在之後成為緬軍政府唯一的助力及可依賴的對象，北京由此能夠更加容易掌控緬甸，亦能夠以此為籌碼爭取更大利益。然而這是假設軍政府奪權後長治久安—反面就是若果昂山素姬能夠回歸重新執政的話，昂山素姬國內的民望可能會上升至無法預計的高度，軍方頗有機會從此一蹶不振。失去軍方制衡的昂山素姬或會真正帶領緬甸進入民主化的路程，更可以洗脫羅興亞人事件的污名，重新與西方接觸，對中國而言相當不利。這或許能夠解釋，為何中國多番強調現況並非中國樂見，但又阻止聯合國安理會發出譴責緬甸軍事政變的聲明，變相默許軍方的舉動。緬甸軍方在這場政變裡迫使北京政府站隊的行為，對於雙方來說都是一場豪賭——仰光的前方，是回歸軍事獨裁，甚至更為不堪的傀儡國家，還是蹣跚地重回開放的道路？站在北京的立場，或許中國在後悔沒有早早剎停緬甸軍政府的行動。

## 歐美各國的溫和回應與軍方的計算

「沒有最壞，只有更壞」，正正是緬甸近個多月政局變化的寫照。除了緬甸軍方持之以恆的大搜捕外，近兩個星期更傳出軍方鎮壓導致逾50名示威者身亡、全民盟高層受不住嚴刑拷問命喪黃泉等噩耗。面對不斷惡化的緬甸局勢，國際社會也開始心急如焚，連向來強調不干預別國內政的東盟亦有部份成員國試圖主動斡旋。然而，由於各方存在巨大期望落差，利益計算的方式又有天淵之別，所以短期內能夠化解緬甸軍民血腥衝突的機會不宜高估。緬甸軍事政變引起國內民眾強烈反彈，或許是軍方始料不及的事。可是，這不表示軍方因此有作出重大讓步的誘因。畢竟，他們發動政變並非單純一時衝動，而是早有明顯不過的現實政治盤算。首先，緬甸人民與軍方始終存有巨大的火力差距，而軍方又清楚知道西方國家軍事介入緬甸的可能性不大，所以才肆無忌憚地血腥鎮壓國內民眾的和平示威。

眾所周知，軍方之所以發動政變，主要是為了讓權力牢牢掌握在自己手中。即便軍方當初出現利益計算錯誤，也不等於順從民意可為他們換來更好的結果。若然現在讓緬甸立即重新舉行大選，實不見得軍方會較去年贏得更多的議席。軍方自然不甘在此時此刻妥協讓步。尤有甚之，緬甸政局發展至國內民眾和西方國家紛紛興起追究緬甸軍方罪行的地步，軍方自然更加拚命抓緊槍桿子以求自保。前新加坡外交官比拉哈里（Bilahari Kausikan）3月2日在《海峽時報》發表評論文章便強調這幾點。如其他因素沒有改變，軍方甚至連兌現一年後重新舉行大選承諾的機會也不容樂觀。

▌軍方清楚知道西方國家軍事介入緬甸的可能性不大，所以才肆無忌憚地血腥鎮壓國內民眾的和平示威。（圖片來源：Wikimedia Commons）

## 東盟內現分歧　公信力存疑

　　儘管近幾個月緬甸政局急速惡化是不難預料的趨勢，但當一幕幕血腥鎮壓的片段和畫面在無遠弗屆的網絡世界被廣傳後，仍然引起國際社會的震驚和譁然。西方國家受到輿論的壓力，紛紛向緬甸軍方實施不同程度的制裁，但由於軍方早已習慣在長期受西方世界制裁的環境下存活下來，加上雙方近年的貿易往來只是九牛一毛，所以單是實施制裁的成效受到廣泛質疑。

　　有部份評論指，相對於西方國家，與緬甸貿易往來更為頻密的東盟國家才有

緬甸局勢發展至今，民眾示威者與軍方分別出於道德和現實權力的考慮而同樣自覺難有讓步的空間。（圖片來源：Wikimedia Commons）

望爲阻止緬甸政局繼續惡化下去帶來曙光。不過，西方國家無能爲力的事，不等於東盟有能力帶來截然不同的改變。首先，東盟一直高舉「不干預別國內政」的原則，缺乏類似的政治斡旋經驗。若非緬甸局勢已惡化至有影響區域穩定之虞，東盟幾乎不具備介入斡旋的誘因。直至目前爲止，東盟仍有不少成員國表明無意介入緬甸政局，有意介入的成員國主要僅是憂慮緬甸大批難民湧至邊境會影響國家安全。整體而言，東盟並無協助緬甸解決國內困局的決心，其提出的紓困方案實難以對症下藥。

其次，東盟大部份成員國在實踐民主的進程上也是五十步笑百步，例如泰國近年便是另一個透過軍事政變推翻選舉結果的東盟國家，新加坡和印尼也僅屬於選舉威權的半民主國家，柬埔寨、汶萊、越南和老撾（寮國）等更是同樣人權記錄劣跡斑斑的緬甸鄰國。即便由它們出面介入捍衛緬甸的民主，也難有甚麼公信力可言。事實上，緬甸民眾對東盟成員國的介入也不太受落，例如當傳出印尼提議立即重新舉行大選作爲折衷後，緬甸民眾旋即在輿論上群起而攻之，最後印尼當局也需公開澄清傳聞不實以平息緬甸民眾的怒火。

緬甸局勢發展至今，民眾示威者與軍方分別出於道德和現實權力的考慮而同樣自覺難有讓步的空間。西方國家在口頭上支持民眾示威者，但礙於各種局限無法派兵支援他們，而東盟很可能只會繼續拋出兩方也不討好的折衷方案。換句話說，各方短期內只站在自己立場上老調重彈的機會高唱入雲。試問還有何方神聖有解決緬甸困局的靈丹妙藥？

* 本文部分首刊「Yahoo論壇」，原題〈緬甸政變——中國意料之外的局面〉；另一部分
　首刊於《蘋果日報》，原題〈緬甸死局短期難見曙光〉（與楊庭輝合著）

# CHAPTER 5

## 內戰之路？作壁上觀的周邊國家與漸趨激進的自由運動

國際社會保守、不願正面對付軍方的作為，
緬甸的民主抗爭怕是會演變成數月、數年的長期對峙。

劉忠恩

緬甸政變來到第三個月，目前緊張情勢不見減緩，昂山素姬及其他政府首腦從（2021年）2月1號開始便不見蹤影，抗議民眾的死亡人數則不斷攀高。根據緬甸援助政治犯協會的統計，目前已有近300位平民被軍警的子彈無情屠殺，仰光的街頭猶如戰場，連待在家裡的民眾也沒有倖免，子彈隨時都可能穿破窗戶射進屋內。3月底就有一位在曼德勒的7歲女孩，被來到家中搜查的軍方一槍斃命。

　　國際上譴責、再譴責；呼籲、再呼籲，卻絲毫沒有改變軍方以暴力鎮壓抗議的決心。原因無他，數週的CDM（公民不服從運動）已經出現了成效，經濟的崩盤、連日的抗議，使得軍方離奪權後就能迅速維穩、掌控國家的劇本，越走越遠。然而，國際上雖有西方一眾國家相繼宣布制裁軍方高層，但治標不治本，軍方之下龐大的商業體系仍是漏網之魚，而真正能掐住軍方經濟命脈的國家，包括新加坡、中國、日本等，仍然按兵不動，甚至隔岸觀火。

　　軍民兩方沒有共識也不願意妥協，加上國際社會保守、不願正面對付軍方的作為，緬甸的民主抗爭怕是會演變成數月、數年的長期對峙。對軍方而言，政變之後的動亂已經超過七週，穩固統治地位勢在必得；對於緬甸人民而言，軍方一舉踐踏了自己撰寫的2008憲法，言而無信，更讓他們目睹了緬甸下一代、孕婦、老師等被慘忍殺害的場面。這些和平示威者已經忍無可忍，誓言要見到軍方垮台、迎來民主，為此失去生命也在所不惜。

　　隨著情勢惡化，從政變不久後便開始串連各界、請求國際勢力積極介入的抗議民眾，漸漸對聯合國及其他「只有譴責言論沒有行動」的國家感到失望，越發從一開始的和平堅持，轉向支持拿起武器對抗暴政、組建屬於緬甸人民的軍隊。緬甸離大規模內戰的發生，似乎越來越近。


## 軍方的經濟命脈

　　軍方本就預期政變以後，國際間的制裁行動會有許多的分歧，也沒有足夠的力道威脅他們，就像副總司令梭溫副大將（Soe Win）所說的：「緬甸早就被制裁習慣了，過去我們也挺過來了……我們只要有幾個好朋友支持就可以了。」

　　然而，他們沒有預料到的是，從二月初就開始的公民不服從運動持續了那麼

久，嚴重癱瘓政府運作：醫務人員最先開始罷工，本來每天有將近兩萬的Covid-19肺炎檢測能量，現在只剩下數千；接著其他公務員加入罷工，地方政府部門無從運轉，就算首都有軍方任命的中央官員，也於事無補；進出口貿易，只剩下原有的一成左右；而多數銀行因著罷工，資金無法週轉，人民從政變開始便大規模從銀行領出現鈔，ATM只剩空殼；而現在更因為軍方切斷24小時行動網路及wifi，一些仰賴網路的ATM、刷卡機瞬間無用武之地，整個緬甸都陷入沒有現鈔的危機。

顯然地，這些行動打亂了軍方的如意算盤，軍方以流血的方式鎮壓人民，而且力道持續上升，光是3月14日單日便有超過70人喪命。但緬甸人民也知道光靠CDM還遠遠不夠，因為軍方還握有兩張王牌——緬甸經濟控股有限公司（Myanmar Economic Holdings Limited）與緬甸經濟公司（Myanmar Economic Corporation）——牢牢掌握著緬甸國家經濟各大產業的命脈，保證其有源源不斷的金流。

2011年緬甸民主轉型以來，軍方不曾對這兩大金雞母收手，並一直透過這兩個集團及旗下超過120家涵蓋大型基礎建設、製造、銀行、旅遊，甚至玉及寶石礦的開採的公司，開展與日本、南韓、中國等國外資的投資計劃。每年獲利甚豐，卻因監管不透明，其中的資金流動無人知曉。另一方面，緬甸GDP中有超過四成以上為非正式經濟，過去軍方獨裁的歷史經驗，使緬甸許多企業主仍與軍方保持關係，因此軍方就算個人遭到制裁、也能透過代理人輕易規避這些影響。總的來說，1990到2000年代，緬甸軍政府雖然面對大規模西方民主國家的全面性制裁與孤立，但仍然能透過與周邊亞洲國家的貿易往來，維持其長期統治和金援。

雖然緬甸人早已發起抵制軍方企業的活動，但效力遠遠不及國際間對這兩個集團的針對性制裁，這也是許多緬甸國內外的社運團體不斷呼籲各國政府必須盡快採取行動的原因——唯有以最快的速度大幅提升軍方的統治成本，使其發動政變的代價大過現在這個統治集團所能負荷的程度，才有辦法反轉軍民現在不平等的局面。

根據緬甸公民團體Justice For Myanmar截自3月8號的統計，已知與軍方經濟集團仍有關係的138間私人企業中，除了70間是緬甸私人公司外，剩下都是外資企業，尤以中國、南韓、香港、新加坡、日本為主（臺灣亦有兩家企業榜上有名）。儘管歐盟從2月就開始討論制裁的行動，並曾有外交官提到歐盟會針對軍方擁有的兩家公司採取行動，但在這週終於公布的制裁名單裡，仍只有11名軍方高層及被

其任命的官員遭到個人制裁。美英於三月底先後宣布制裁這兩個軍方商業集團，而美國至今還制裁了16位軍方高層，並凍結了緬甸在紐約10億美金左右的外匯。

雖然國際上對於不採取全面性的經濟制裁行動有共識，但除了美國，其他國家發起的針對性制裁，不管是力度以及強度都令人失望。另一方面，儘管多個國家的社運團體呼籲全球武器禁運，聯合國安全理事會到目前仍沒有動作，包括中國、俄羅斯、以色列、印度、菲律賓等國家的政府，仍持續允許販賣武器給緬甸軍方，而中國、日本、印度、泰國、越南等國也保持著與軍方合作或訓練的關係，只有南韓以及澳洲宣布停止一切與軍方的軍事交流。

在前述的背景下，本來光靠制裁要扳倒軍方便已困難重重，若是沒有世界主要國家串連一同啓動大規模的針對性制裁，更不可能從外部施加足夠的壓力給軍方。然而，問題便在於，幾個重要的亞洲國家，到目前爲止仍止於口頭譴責，沒有採取任何施壓行動。

## 經濟利益掛帥？不願正面交鋒的亞洲諸國

要是押錯了邊，便可能全盤皆輸，私人公司血本無歸，以後也可能失去與緬甸經濟往來的機會。綜觀緬甸自民主改革開始的2011年至2020年年底的核可外國投資額，可以看到前十名的西方國家只有英國及荷蘭，其餘都是亞洲國家，包括高居第一位的新加坡以及越南、泰國、馬來西亞的東盟國家，還有中國、日本跟南韓。可見對於緬甸經濟的影響力，仍是以亞洲國家爲大宗。

但反過來看，這些國家近十年來在緬甸押上龐大資本，因此在考慮如何應對時反而更加謹慎，因爲要是押錯了邊，便可能全盤皆輸，私人公司血本無歸，以後也可能失去與緬甸經濟往來的機會。

軍方亦深知這些享有既得利益的國家不可能輕易收手，政變後軍方指派的投資部部長昂乃烏（Aung Naing Oo）便說：「根據現在的狀況，我們預計傳統的投資者將繼續在緬甸從事商業行爲。」所謂的傳統投資者，其實就是這些來自亞洲國家的企業集團，他們許多在緬甸民主開放前後便插旗緬甸，一直到後來2017年羅興亞事件爆發後，西方國家不滿撤資，使他們現今的經濟地位更爲關鍵。

# 中國

中國便是其中一個在羅興亞事件後漁翁得利的國家。作爲一大鄰居的中國，一直都將緬甸視爲其勢力範圍，並且對西方國家在緬甸民主轉型時期漸增的影響力尤其不滿。然而，緬甸軍方背景的鞏發黨登盛政府以及全民盟與昂山素姬，都一直對中國保持警戒的心態，不願過度仰賴單一國家。只不過羅興亞事件爆發後，西方國家不再熱衷於這塊「亞洲最後的處女地」，使得全民盟政府不得不仰賴中國資金，來維持國家的建設與經濟發展。後來，被納入中國一帶一路「中緬經濟走廊」的項目越來越多，前年與去年九成以上的重大能源開發項目，都被中國國企及有關企業一手囊括。

當然，經濟利益不會是考量的唯一。對於中國而言，緬甸是由軍方或民主政府掌權都不是重點，端看誰有辦法維持緬甸的穩定，才是中國考量的主要因素。所謂的穩定，也不等於和平，而是可以維持其在地域內領先的影響力，以及保障中方可以源源不斷的從緬甸輸出經濟資源。

從過去到現在，中國都在持續支持一些邊境（尤其中緬邊境）的民族武裝組織，因爲和平或民族和解並不是中國的優先要務，而是要保障其能持續透過這些民地武的存在，使緬甸文人或軍方政府不得不倚賴中方，並透過這樣的關係施壓緬甸，換取自身的政策優惠。另一方面，中國也透過這些民地武，從黑市走私、轉進大批自然資源。據估計，每年有數十億美元等值的玉及寶石礦非法流出緬甸。

在這些背景之下，其實更可以理解中國從政變以來便不斷強調其「不干涉別國內政」的原則，因爲不管誰主政，只要情勢儘快穩定，中方都是得利的一方。這不僅體現在政變後中國官媒避談「政變」，只輕描淡寫描述爲一個「重大的內閣改組」；也體現在中國曾數度阻擋聯合國各種對緬表示譴責的聲明，及阻撓任何針對緬甸的決議得以成案。

其實歷史上中國與緬甸的互動就一直存在這種模式，所以過往在國際舞台上，總會以大哥的身分在聯合國擋下一切對緬甸不利的決議，理由則一貫以「不干涉別國內政」帶過，例如在軍政府獨裁時期，2007年番紅花革命軍方鎮壓後，中國便聯手俄羅斯動用否決權，而在昂山素姬因羅興亞事件遭到抨擊時，中國也出手「搭救」。中國外交部長王毅在三月初亦說明，他們支持「以東盟方式從中

斡旋調停」，而所謂東盟模式不外乎就是所謂不干涉內政的原則，以持續對話接觸的方式，取代施壓。

## 新加坡

新加坡作為緬甸投資的領頭羊，在過去五年的投資額翻漲超過十倍，對緬甸近十年的經濟發展影響位居要角。更重要的是，緬甸除了有10億美國外匯，另有超過57億美金的外匯存放在新加坡的華僑（OCBC）、星展（DBS）、大華（UOB）三大銀行。

新緬關係也有其歷史，許多緬甸的政要、商業大戶、軍方高層都有在新加坡開戶置產，也是他們醫療協助的首選。前軍政府獨裁者丹瑞在位期間，也是新加坡醫療體系的常客。這些都體現出，新加坡是另一個能在政治和經濟上影響緬甸未來走向的國家，可惜的是到目前為止，它也沒有意願利用這些籌碼，也堅守著所謂東盟不干預他國內政的原則。

雖然新加坡加入了譴責緬甸軍方的行列，並呼籲軍方克制，但其政府也早早表態，不願以政治決策干擾私人商業的運作。上個月新加坡外交部長維文（Vivian Balakrishnan）說：「新加坡一向秉持著，緬甸的未來必須由自己的人民來決定這樣的原則……我也想再次強調，無論是在好或壞的時刻，保持政治與商業之間的這種分別對我們是很重要的。」至今，在眾多與緬甸軍方有商業往來的新加坡公司中，也只有一家跳出來解除與軍方企業的合作關係。

## 東盟

東盟主席在政變當天便有發表聲明，重申東盟憲章對支持民主、法治、尊重以及保護人權及其他基本自由權利的原則。而除了這個月初才登場的東盟外長會議，新加坡和印尼等國也從政變以來便積極在東盟機制內匯聚共識，近期印尼總統佐科·維多多（Joko Widodo）呼籲儘快舉行東盟首長的緊急會議，並得到馬來西亞總理慕尤丁（Muhyiddin Yassin）的支持，隨著新加坡外長出訪今年東盟主席國汶萊、馬來西亞和印尼，外界都在觀察接下來的發展。

但儘管有這些呼籲，東盟國家基本上都仍以「不干涉緬甸內政」為由，不願施壓軍方，而與緬甸軍方親近的的泰國軍政府，以及其他在中南半島的非民主政

權，如越南、柬埔寨、老撾（寮國），默不做聲。東盟避談各自的政治差異及人權問題，早已不是新聞，而這個東南亞區域組織的兩大互動原則——互不干涉內政以及一致同意——使得東盟要對緬甸採取任何統一的制裁行動，都近乎天方夜譚。

東盟國家素來傾向以交往而非對抗的方式，來處理與緬甸軍方的危機。過去東盟打破不干涉內政原則，利用這樣的策略與軍政府交涉也有先例——2008年納爾吉斯風災在緬甸奪走10萬人的生命，當時軍政府一直拒絕接受外國救援，直到東盟舉行緊急會議，才開始漸漸放寬限制。事實上，東盟一直以來都習慣以「安靜外交」（Quiet Diplomacy）或「後門外交」（Backdoor Diplomacy）的形式來對區域內的爭端進行斡旋，而東盟也認為透過這樣不公開持續接觸的策略，更可能促使軍方與東盟之後有對話的空間，而非閉關自守。

值得一提的是，印尼從政變開始便是最積極試圖與軍方對話的國家，其外長蕾特諾（Retno Marsudi）動作不斷，除了在上個月底與軍方任命的外交部長與泰國外長在曼谷會面，也一直與誓言推翻軍政府統治的文人平行政府CRPH（Committee Representing Pyidaungsu Hluttaw）保持聯繫。

# 日本

日本雖只是名列第七的緬甸外國投資國，但一直以來都是緬甸外國開發援助的第一名，每年援助超過17億美金，並且也默默地在緬甸重大政治議題上，像是種族和解與羅興亞事件，介入協調。例如，去年底經過日本緬甸特使及日本財團會長笹川陽平協調，緬甸軍方與西部若開邦民地武若開軍（Arakan Army），在交戰長達兩年後終於停戰，證明了日方與軍方、民選政府都保持了良好關係，與在緬甸的政治影響力。

但也因此，日本在對緬政策上長期站在一個微妙的平衡點，雖說日方在外交政策上主張以民主等價值作為對外交流方針的「價值觀外交」（Values Diplomacy），卻為了維持其政治影響力，不敢在緬甸躁進。其中最大的考量點，即是中國。2017年羅興亞事件爆發後，日本就始終保持著不譴責的低姿態，但在2019年支持緬甸政府在若開邦的投資論壇，希望以提升發展水平來降低民族衝突。背後的動機，其實就是擔心西方國家接連出走後，緬甸會越發傾向中國。

這樣的戰略考量，也成為了日本在面對此次政變時的一大難題，雖然日本為抗議者不斷喪命表示哀悼，也對軍方的暴力鎮壓表示譴責，但官方的公開行動僅限於此，面對西方國家的制裁行動，也只能謹慎以對，不願意把多年來在緬甸耕耘出的影響力，在這樣的地緣政治競逐中拱手讓給中國。

與東盟類似的是，日本更傾向於利用自己的特殊關係與管道，持續與軍方交涉。這點更是日本的優勢，由於軍方對中國抱持懷疑及缺乏信任，軍方更傾向於接受日方的介入。三月初，軍政府任命的外交部長便曾與駐緬甸大使丸山市郎展開會談，緬甸語流利的丸山市郎一直保持著與緬甸軍方與民選政府良好的關係。另一方面，日本政府日前暫停一切新的開發援助，期待以此作為籌碼，透過私下與軍方進行交涉。以現在的局勢來看，除非日本受到美國或聯合國的強大壓力，不然其仍會以自身特殊地位採取私下的行動。

## 緬甸接下來會變成什麼樣子？

在外界無法施加足夠的壓力給緬甸軍方的情況下，許多人在問緬甸的下一步會是什麼。隨著軍方持續以各種泯滅人性的方式鎮壓、掃射民房、虐待政治犯致死、甚至空襲邊境的難民營，軍方正磨蝕自身的名譽及社會資本，逼使民地武紛紛站出來表態支持人民、宣布與平行政府CRPH合作，也讓向來不干預政治事務、且在2007年番紅花革命後曾禁止僧侶抗議的國家佛教僧侶協會（State Sangha Maha Nayaka，簡稱Mahana）與軍方「割席」，譴責軍方的暴力行徑。

而人民在軍方步步進逼之下，武力對抗的呼聲在網路上只是有增無減，越來越多人呼籲建立一支聯邦軍（Federal Army），與支持建立緬甸民主聯邦的民地武，一起迎戰草菅人命的軍方。軍民雙方找到共識的機會已趨近於零，外界擔憂大型內戰將一觸即發。究竟接下來各個國家能否以最有效及時的方式，以經濟制裁或外交手段斡旋，避免緬甸淪為敘利亞的下場，或許是所有對國際社會影響力抱有寄望者的心願。

\* 本文首刊《端傳媒》，原題〈緬甸政變兩個月，為何周邊國家還是觀望狀態？誰能動軍政府？〉

# CHAPTER 6

## 軍事政變與制裁：
## 國際社會干預措施的效力

楊庭輝

倘若連同緬甸的案例也無法透過制裁迫使獨裁者作讓步，那便意味著單靠制裁一途對付獨裁者已徹底失效。獨裁大國甚至不用主動慫恿世界各地握有軍權的野心家發動政變；眾多案例擺在眼前，後者自可心領神會，待成功發動政變後迅速向獨裁大國投誠尋求支援。如是者，世界將迎來獨裁國家聯盟與西方民主國家全面分庭抗禮的格局。因此，按道理說，緬甸問題對西方民主陣營和獨裁國家陣營來說也是關鍵一戰。

古今中外，文官與武將之間的政治角力事例比比皆是。熟悉二十世紀中國和日本歷史的讀者，理應也對以下兩個軍人武力奪權的著名事例不感陌生：一、辛亥革命後，孫中山礙於形勢把臨時大總統一職讓給袁世凱，但南方革命力量深明袁氏的政治野心，遂組成國民黨和提倡責任內閣制，試圖制衡袁世凱的權力。然而，縱然國民黨其後勝出1913年的國會選舉，但袁世凱覺得主力籌備政黨組閣的宋教仁威脅到他的實際政治權力，所以趁他到上海謝票時把他暗殺，並仗倚著軍事力量的優勢擊潰隨後二次革命的反撲力量；二、日本文人首相犬養毅因反對成立在中國東北部偽滿州國傀儡政權被皇道派少壯軍官刺殺，日本自此正式走向長達十多年的軍國主義侵略路線。歷史不會簡單地重覆發生，過分簡單化的歷史類比不時也存有瑕疵，但緬甸軍人月初發動政變，始終讓人慨嘆是逆民主潮流開歷史倒車的表現。是次緬甸軍政府復辟既有特殊性的背景，亦有蔓延成其他選舉威權國家參考範例之虞。本文將對此作詳盡分析。

## 政變真正原因眾說紛紜

2月1日本是緬甸召開新一屆議會和籌組新政府的日子，然而當天清晨爆發了緬甸軍方逮捕勝出2020年國會選舉的國務資政昂山素姬及總統溫敏等人。緬甸軍方隨後宣布全國進入緊急狀態一年，接管權力的敏昂萊批評昂山素姬等人未有回應去年國會選舉「選舉舞弊」的指控，更沒有正視軍方和聯邦鞏固與發展黨反對如期召開議會的聲音，因此宣稱由軍方接管權力是合法合憲的事情。不過，緬甸官方監督機構選舉委員會和外國的選舉觀察員也駁斥相關指控缺乏事實根據。軍方以牽強的理由推翻選舉結果，最直接的解讀是他們不服輸且害怕失去權力所驅

使的霸凌行徑。有些分析更深入指出，在緬甸推動民主化進程之初，由緬甸軍方主要負責制定的憲法已保障了軍方在上下議院均自動取得四分之一的議席，加上緬甸軍方掌控了緬甸經濟生產的主要命脈，所以昂山素姬領導的全國民主聯盟即便在2020年國會選舉中大勝，也不會對緬甸軍方的實際政經利益構成即時的威脅。緬甸軍方之所以採取風行雷厲的舉措，主要是即將退休的敏昂萊未能成功與昂山素姬達成獲得終身司法豁免權的協議，因此要設法杜絕對方推動修憲公投對軍方秋後算帳的可能性，但這種做法不僅丟人現眼，而且沒有實際的必要。

對於獨裁國家的老大中國有否介入支持緬甸軍政府發動政變，坊間評論眾說紛紜。其中一種主流的說法，是緬甸國防軍總司令敏昂萊在1月12日接見到訪的中國外長王毅時高調提及到「選舉舞弊」一事，其實旨在試探中國的態度，甚或爭取中國支持發動軍事政變。緬甸軍方其後發動政變，就是中國默許甚或在背後

▎中國須做好兩手準備，以確保即便緬甸民眾示威成功把軍政府趕下台，也不會影響中
　方在緬甸的利益。（圖片來源：Wikimedia Commons）

為軍方撐腰的結果。另一些較溫和的說法，是到目前為止沒有足夠的證據證實中國在事前積極支持緬甸軍方發動政變。然而，緬甸軍政府復辟無可避免會受到西方民主國家陣營的譴責甚或制裁。緬甸軍政府在國內外皆缺乏足夠認受性的情況下只能選擇倒向獨裁國家一途，屆時中國或可在緬甸加快推動各個「一帶一路」項目的步伐。不過，亦有些分析表示，昂山素姬領導的民選政府不僅沒有一面倒向西方利益傾斜，反而為了抵銷西方就羅興亞難民問題對其的施壓和制衡緬甸軍人在國內的影響力而選擇了親華的經濟路線，因此中國按道理說沒有明顯偏袒緬甸軍方的必要。甚至乎，中國須做好兩手準備，以確保即便緬甸民眾示威成功把軍政府趕下台，也不會影響中方在緬甸的利益。

## 制裁效用多大　緬甸案例見真章

上述的爭論，主要是圍繞著緬甸政變的成因來探討。相關的爭辯具有學術意義，各有志者不妨拿出更多的理據來辯過明白。但是，無論當中真相如何，接下來各界更關注的焦點，始終是緬甸軍政府復辟能維持多久。執筆之際，美國總統拜登以行政命令制裁10名現任和前任軍方高層及其家屬，以及3間和軍方關係密切的玉石公司。目前尚不知美方會否擴大對緬甸的制裁範圍，以及歐盟和日韓等美國盟友會否加入制裁的行列。不過，可以肯定的是，若然制裁無法迫使緬甸軍方作出讓步，那便幾乎等同向全球各個掌握軍權的野心家散發出西方民主陣營已徹底淪為紙老虎的訊息。

須知道，特朗普年代的美國制裁了伊朗、委內瑞拉和土耳其等國家，當中有部分案例更得到歐盟的配合，但沒有任何一宗案例能迫使被制裁的一方作出預期的讓步，當中與它們能倒向中俄尋求支援不無關係。那些案例，或許基於不同的原因而被部分人解讀成相對特殊的例子。然而，那些案例已有一定的共通性，就是歐美即便在口頭上譴責甚或制裁獨裁者，但沒打算派兵支援在武裝力量上處於弱勢的抗爭者。制裁固然能夠對獨裁國家造成重大的經濟打擊，但曠日持久下去只能換來膠著的局面。倘若連同緬甸的案例也無法透過制裁迫使獨裁者作讓步，那便意味著單靠制裁一途對付獨裁者已徹底失效。獨裁大國甚至不用主動慫恿世

■ 緬甸問題對西方民主陣營和獨裁國家陣營來說也是關鍵一戰。（圖片來源：Wikimedia Commons）

界各地握有軍權的野心家發動政變；眾多案例擺在眼前，後者自可心領神會，待成功發動政變後迅速向獨裁大國投誠尋求支援。如是者，世界將迎來獨裁國家聯盟與西方民主國家全面分庭抗禮的格局。因此，按道理說，緬甸問題對西方民主陣營和獨裁國家陣營來說也是關鍵一戰。

## 憲法釋兵權不一定迎來民主盛治

緬甸爆發軍事政變，似乎與緬甸軍方試圖強硬阻止民選政府推動修憲限制軍方實權息息相關。那麼是否可以反過來說，只要成功透過民主憲政釋兵權，便可迎來民主盛治呢？委內瑞拉、玻利維亞等拉丁美洲數個國家的案例告訴我們，事情遠遠沒那麼簡單。2019年，熱圖里奧·瓦加斯基金會（Fundação Getulio

Vargas）國際關係副教授奧利弗・施廷克爾（Oliver Stuenkel）在《外交政策》發表文章指出，拉丁美洲國家在廿世紀後期至廿一世紀初期的區域性融合機制是針對防止各國在民主轉型的過渡期遭到軍方奪權而設計的。可是，隨後清晰可見的是，民選政府大權在握是拉丁美洲數個國家邁向另一波獨裁和貪腐問題的開始，民選國家領袖同樣可以做出窒礙新聞自由、操縱法院和強行修憲延長總統任期期限等齷齪的事情。絕對權力導致絕對腐敗，可能才是永恆的真理。

* 本文首刊《聯合早報》，原題〈緬甸政變或成影響國際大局關鍵〉

# CHAPTER 7

## 奶茶聯盟：
## 21世紀跨國民主運動的想像與局限

陳薇安

緬甸針對軍政府政變的抗議已持續月餘，在3月28日臺北自由廣場由在臺緬甸人發起了為緬甸祈福的活動，其中一個重複出現的主題，就是提到香港的反送中運動的啟發與奶茶聯盟的概念。奶茶聯盟的概念出現在2020四月中泰鍵盤戰，網友所繪製的一張奶茶乾杯圖[註1]，表達香港、臺灣、泰國反對中國共產黨的共同態度，之後更衍伸為反對極權統治的共同陣線。之後越來越多東亞與東南亞國家的網友們紛紛響應，例如馬來西亞的拉茶、印度的香料奶茶等等。在2021年緬甸發生軍政府的政變之後，緬甸的民主運動抗爭激烈，奶茶聯盟的宣傳圖現在更加入緬甸，也再次出現在臺灣的聲援緬甸集會當中。

　　奶茶聯盟是一個非正式，由網路而生的概念，而慢慢走向實體化的行動。在泰國學潮發生時，2020年8月在臺北的小型聲援集會主辦學生聲稱該場活動是奶茶聯盟的第一場活動，而香港民主運動人士黃之鋒也認為奶茶聯盟「可以促使更多學生促進全球團結」[註2]。奶茶聯盟現在已經有實際運作的組織，在2021/3/28臺北的聲援緬甸活動也有發言，唯網路公開資訊仍然不多，也尚未舉辦太多公開活動。


## 由網路文宣到實體動員

　　在3/28臺北聲援緬甸的集會，也可以看到一些奶茶聯盟的文宣。在該版文宣中，奶茶聯盟由五個成員組成——香港、臺灣、泰國、緬甸與印度。當日也有參加集會的在臺緬甸學生Naing Tun認為在政府跟聯合國的角色難以反映人民的真正利益，因此各國，尤其是東亞各國的公民社會應該連結起來，表達公民真正對於民主自由追求的共同渴望。他認為「奶茶聯盟」的概念就是一個很好的開始，泰國、緬甸、香港在近年皆發生大型的社會運動，若公民社會可以互相支援，或許會更加強而有力。

　　在現場舉著香港「光時旗」的香港同學也說，自己之所以會來聲援緬甸的集會舉旗，是因為覺得香港跟緬甸一樣爭取的都是普世人權，都是面對一樣的東西——爭取自由民主。另一位在集會的香港同學也說因為看過香港的狀況，覺得緬甸跟香港很像，甚至情況比香港更差，所以過來表達聲援。多位台上的講者，也

都提到香港人的反抗如何啓發他們守護民主的決心。在3/28的集會可以看到奶茶聯盟的概念從一個網路上網民趣味創作的概念，已經逐漸在眞實的動員中發揮影響力，成爲一套論述框架，也激發人們互相支援。

## 「模組化」的社會運動

社會運動研究學者堤利（Charles Tilly）指出現代社會運動的特徵是模組化的[註3]，也就是說，即使各個事件發生的情境不同、訴求不同，但是不同的運動都會使用可以互相辨別的語言與策略，將單一事件指向一個更大的共同問題。過去的社運可能是針對單一官員、地主或是施暴者的行動，但是現代社運的語言是透過類似策略（靜坐、遊行等）指向相同問題（反抗極權、爭取民主等）。

東亞的民主運動本來基於文化不同，較爲分散，未有像阿拉伯之春的連鎖效應。不過在近年，東亞的社會運動開始有聯繫。而這個聯繫在太陽花運動與雨傘運動之後得到強化。例如在2016年成立了亞洲青年民主網路，包含臺灣、香港、泰國、南韓、菲律賓、越南的學生代表[註4]。但是這個交流還是限於學生領袖與專業社運者爲主。但是奶茶聯盟則是一個由下而上，由網路文宣的抽象概念慢慢成爲實際的組織動員。原本萌生於網路的奶茶聯盟的概念，逐漸成爲一種跨國社運的互相支持的框架。各國的公民社會試圖找到彼此的共通點，在目前是將目標各異的運動都以民主運動的方式向公眾宣傳。

## 奶茶聯盟的侷限

在部分參與者給予奶茶聯盟，或是跨國社運經驗的相互支持樂觀的評價時，奶茶聯盟依然有侷限。其一來是支持者文化背景過於相異。奶茶聯盟的各國民主運動脈絡有重大差異，以及語言與文化上的問題。東亞各國不同的運動策略、對抗目標、歷史進程，比起語言文化相近的阿拉伯之春的快速互相影響，或許無法傳遞的如此快速與相似另外，由於各國的政治目標不同，而國際遊說本爲困難

的事情。當寄望公民社會組成聯盟，但是各國的公民社會有各自的議程與目標的時候，要以哪一個持份者的利益為優先，要將誰的議程排在前面，將會是極端複雜且消耗內部能量的事情。並且內部極大的歧異性，會讓共識的凝聚變得十分困難。

　　雖然社會運動的全球性相互影響隨著網路時代已日趨明顯，但是在政治進程上還是很難將「反抗者」視為一個均值的整體，能夠僅僅憑藉著反抗威權而擁有相同的政治利益。奶茶聯盟在政治上或許不是有力的手段。因此，在看待奶茶聯盟時，或許以文化動員的角度看待會較有意義。在文化認同上，奶茶聯盟使得跨國社運能夠互相學習、建立人際連結以及相互了解或許有一些益處。如果僅僅普世人權作為動員手段或許稍嫌薄弱與遙遠，但是奶茶聯盟將奶茶作為文化與生活經驗帶入抗爭的想像，製造出「我們是相似的群體」的感覺，凝聚團結感，使得相互了解、支援成為自然。在東亞社運紛紛出現、相互傳遞的時代，或許奶茶同盟是促進全球化社會運動的初步開始，讓跨國互相關注成為可能。「奶茶聯盟」的後續發展，值得關心社會的讀者們一同關注。

\* 本文原題〈跨國民主運動風潮——奶茶聯盟的動員潛力與限制〉

---

本章註

1　參自由時報，〈中泰鍵盤戰意外促成奶茶聯盟 網瘋傳台港泰乾杯圖〉。2020/04/14。https://news.ltn.com.tw/news/world/breakingnews/ 3134305

2　參中央通訊社，〈港台人士聲援泰國學潮 醞釀亞洲民主奶茶聯盟〉。2020/08/18。https://www.cna.com.tw/news/firstnews/202008180392. aspx

3　Tarrow, Sidney. 1994. Power in Movement: Social Movements, Collective Action and Politics. New York: Cambridge University Press. Chapter 2.

4　何明修，《為什麼要佔領街頭——從太陽花、雨傘到反送中運動》，臺北：左岸出版，2019年。

# CHAPTER 8

## 緬甸之春與香港寒冬：
## 改變地緣政治的奶茶聯盟

沈旭暉

不少香港朋友認為，《港區國安法》出現，象徵中國完全破壞對「一國兩制」的承諾，香港距離人類文明越來越遠，反映2019年幾乎全民參與的反送中運動失敗收場。

其實，這恰恰相反。

世上沒有一場運動是一步到位的。假如有任何一位大師、先知、學者、政工作者告訴你，這樣做那樣做，然後一年之內保證有成果，這自然是一個騙局。在現實世界，雖然很多事情可以計算，但國際關係始終是非完全理性的，我們只能不斷嘗試不同方法，去爭取共同的信念；某些學派也會相信現實主義就是一切，但假如是這樣，世界哪裡會走到今天？就像《復仇者聯盟4：終局之戰》（*Avengers: Endgame*）的Doctor Strange，計算了無數個失敗的情況，但偏偏要不斷失敗後，才能出現成功的唯一出路。又像金庸小說《天龍八部》，曠世奇才無崖子擺下圍棋珍瓏，解開了就可以獲得他畢生功力，殊不知無論正派、邪派高手試盡一切手段，都功敗垂成，最終卻是一名武功低迷、又不諳棋道的小和尚亂行一招自殺式解圍，反而打開缺口，從此豁然開朗。

2021年緬甸發生政變，民間全民自發的抵抗運動，某程度上，也是香港反送中運動的蝴蝶效應。

表面上，這是緬甸國內的事，緬甸軍方從沒有真正放權，現在乾脆宣佈選舉「舞弊」、取消選舉結果、一切推動重來，本來也以為符合「國情」。殊不知，這次卻一發不可收拾，因為時代已經不同。緬甸軍隊的文攻武衛，都明顯有參考中國和香港軍警鎮壓香港的模式：把抗爭者詆毀為「黑暴」，宣傳「外國勢力」干涉內政，要按國情「依法」「完善」選舉制度、指出「西方民主」不合「緬甸這一套」，再以最人治的方式活化種種惡法（例如以類似非法管有無線電通訊的罪名扣押昂山素姬），犧牲法治尊嚴，屬行濫捕濫告，習慣凌晨抓捕，盡量不讓記者記錄現場實況，把反對派頭面人物一網打盡（有些更被虐待致死），然後進行分化……這一切，經過大時代洗煉的香港人，莫不感同身受。假如軍政府穩定局面，下一步肯定是大清算，全民監控，引入大數據數碼評級一類1984式制度，與文明世界只會越走越遠。

幸好緬甸群眾、特別是千禧後出生的新世代，同樣深受香港抗爭運動啟發，面對上述一套心法傳出的旁門左道，不但有心理準備，而且回應得智勇兼備。街

頭上的，從香港人身上學會如何敵進我退、就地取材的be water；文宣組在任何地方、網上網下都不斷發揮創意，讓國內外的支持越滾越大；國際線成了緬甸青年基本功，紛紛尋找一切可能性，讓國際聽見緬甸人民真實的聲音，軍政府越是說什麼「勾結外國勢力」，群眾越是堅定這政權根本不代表本地人。鏡頭下，緬甸正在發生的一切，都似曾相識：和你塞，大三罷，紅海，明星示威，而且民意比香港更一邊倒（其實反送中二百萬人遊行之際，香港民意也非常一邊倒）。這一切，不是和香港異曲同工？

而且汲取了香港的經驗，緬甸一些民選議員及早使用mandate走到國外，與軍政府對著幹，與國內少數民族武裝合縱連橫，反映了他們持久戰的決心。而在國內的一群，面對軍政府毫無制約的實彈鎮壓，依然毫無畏懼，希望起碼等到對峙局面出現，無論最終能否如願，都顯示了緬甸民意絕對的一邊倒，以及緬甸人頑強的鬥志。

而這些，都是超越現實主義計算的。

結果緬甸整場運動，和香港一樣，無可避免的和國際出現的二元對立、文明衝突格局連成一線，都深處兩個模式衝突漩渦的正中央。本來昂山素姬的全民盟政府，和中國也有頗多交往，昂山對羅興亞人的立場，只有中國這個大國願意力挺，但軍人政變違反一切普世價值，而中國被群眾視為軍方的最大幕後黑手，已經令中國走到緬甸人民的對立面。雖然北京否認有任何角色，但客觀現實是中國和西方各國對緬甸政變的態度大不相同，例如跟隨軍方立場，說這是「符合憲法內部的依法領導重組」，承認軍方所指的「選舉舞弊」（而自己卻又沒有觀察員在場），批評抗爭者受「臺港反中份子煽動」，借勢批評西方在美國爭奪控制權，這都令緬甸軍方和中國利益密不可分。

緬甸人民對號召國際制裁、或怎樣制裁，不會有顧忌；對捍衛被搜捕的民運人士，也不會太害怕。不是他們不擔心坐牢，緬甸軍政府的「國安法」絕對異曲同工，而是對他們來說，支撐信念的背後，在於渡過黑暗的真切可能。但在香港，大黑暗時代才剛剛開始，而且和緬甸相反，是由黃金盛世倒退到黑暗，即使能改變香港政府、也極難改變中央政府，無力感也更大。然而話說回來，經過數十年的閉關鎖國，緬甸人要走向國際，卻是遠不及此刻的香港人容易。各有前因，如何善用自己的優勢，韜光養晦，有所作為，從來值得深思。

國安法生效後的「新香港」，表面上雖然由強權控制一切，但民心卻明顯嚮往普世價值，對檯面這一套只是敢怒不敢言。無數香港人開始出走海外，正是用腳投票的國際串連，而留下來的也會靜待時機，不會在這場文明衝突中站在被歷史道德揚棄的一方。這正是新型冷戰的代理人戰爭，香港、緬甸之後，肯定還有無數案例將會出現。我們身在亂世，理應立足本土，擁抱全球同路人，這是最壞的年代，也是最好的年代。

## 附論　緬甸－香港關係：被遺忘的雙城記憶

自從緬甸改革開放，和香港有了直航班機，乘坐港龍、緬航到仰光，全程只需三小時，極其方便，令緬甸神秘不再。其實曾幾何時，緬甸、香港同屬英國殖民地，雙邊關係頗為密切，不少殖民地建築風格十分類似，仰光更保留了整個東南亞數目最多的英式殖民地建築，港人看見那裡的高等法院、市政廳等，定覺似曾相識。

英國在19世紀逐步消滅了緬甸封建王朝，將之納入英屬印度管治，發展仰光成為東南亞港口，當時仰光的繁榮程度，可說與香港相若。由於緬甸是中印貿易的中介點，轉口貿易興盛，模式也和香港大同小異。到了二戰前夕，「香港－仰光物流鏈」成了支持英軍在整個亞洲的樞紐之一，雖然聯繫不及和新加坡直接，但也是一組姊妹港。

緬甸「自古以來」有不少華僑，他們或是早年赴東南亞從事貿易的華商，或是不同時期的革命志士，甚至南明永曆帝流亡，也是走到緬甸。但緬甸獨立後，軍政府一度打壓華裔，令不少緬甸華裔輾轉來到香港。

最著名的是已故「愛國元老」徐四民家族：徐四民的父親是中國同盟會成員，在辛亥革命前後到緬甸經商辦報，支援革命、參與抗日，徐四民子承父業，在二戰結束後，已是英屬緬甸的華商領袖之一。他的妻子也出身緬甸華商家庭，是「緬甸花生大王」之女，直到軍政府排華，1964年舉家遷往北京，再因為文革避走香港，成了北京重視的統戰對象、政協常委，創辦《鏡報月刊》，人稱「徐大炮」，立場自然非常政治正確，是第一代全方位抨擊香港電台的「重砲手」。

他去世前將家族收藏多年關於緬甸華僑史的著作、手稿贈予香港大學圖書館，後人依然主理和港緬交流有關的不同工作。

另一批在緬甸接受專業教育的華人醫師，也是在六十年代避難到香港。在20世紀初，緬甸仰光「第一醫科大學」的教育和專業水平，都居於區內前列，不少華人專門到那裡求學，以取得在英聯邦的行醫資格。

這批逃難到香港的精英醫師多達200餘人，正好填補了當時香港西醫人才緊缺的局面；據港大醫學院院長梁卓偉回憶，香港醫學界的不少奠基人，都出自這批緬甸華人醫師。今日在中環醫務所，還能看見一些醫生的履歷是「仰光大學內外全科醫學士」。

其他生於緬甸而活躍香港的華人還有不少，例如嫁入豪門的港姐冠軍朱玲玲，以及活躍香港、新加坡兩地的《星島日報》創辦人胡文虎等，他們的身份認同都是把東南亞和香港視為一整體，今人已不容易想像。順帶一提，在軍政府管治期間，融資不容易，不少到緬甸投資的人，都以新加坡的銀行為總部，這也是和英治時代的歷史淵源有關。

時至今日，緬甸再次對外開放，成了全球投資的新寵兒，被喻為又一塊金磚。早在西方追捧前，例如和黃早已投資緬甸迪洛瓦港口；緬甸開放後，其他港商也一窩蜂跑到緬甸。根據香港貿發局的數據，2014年，香港已經是繼中國大陸之後，排第二位的緬甸外資來源地。港商在緬甸投資的集中行業首先是服裝、紡織等輕工業，這是緬甸勞動力成本優勢的必然，立法會議員、自由黨主席鍾國斌，就是投資緬甸的先驅之一。最近港商也計劃開發緬甸旅遊服務業，例如香港香格里拉已經在仰光開設豪華酒店，也有港商投資發展豪宅區。

究竟這些投資能否延續英治時期的港緬關係，或借助「一帶一路」的新機遇，目前自然言之尚早；但假如再不從區域角度思考香港，就一定為時已晚了。

# CHAPTER 9

## 仰光與香港
## 維多利亞英國下的兩顆明珠及發展

馮智政

仰光，是香港安達曼海的表兄弟。「仰光與香港」這個題名，作者由一個問題切入：爲什麼香港沒有緬甸社群？

香港自英國維多利亞女王殖民起，這顆不起眼的遠東明珠經歷了百多年的英國管治，當時政府鼓勵英屬印度人移居。在駐港英軍可看到尼泊爾喼喀兵；皇家警察及懲教署可見到錫克教徒及來自印度、巴基斯坦的印度教徒及回教徒。當香港發展成重要的東南亞貿易港口時，又有不少人從泰國、馬來亞遷入。香港啓德舊機場附近則發展成香港的「小泰國」，馬來亞人更深入香港各個社群。除南亞及東南亞地方以外，香港更有來自歐美及俄羅斯的猶太人、源自伊朗及印度孟買的帕西人（又稱爲巴斯人）。

那爲什麼香港沒有緬甸社群的出現？是人口問題？是距離問題？緬甸今天人口有5,400多萬（2019），相較6,900多萬的泰國，3,200多萬的馬來西亞，緬甸人口不算得很少。位於南亞與東南亞交界的緬甸，距離更不比其他香港少數族裔源頭爲遠。

當2020緬甸發生人道災難之時，成長在香港又活過2019年的作者感覺到緬甸我們很近，亦來我們很遠。打算找一位緬甸朋友來關心，驀然發現原來除了一位餐廳老闆外，身邊一個緬甸人都不認識。因此我才問出這個問題，爲什麼香港沒有緬甸社群？


## 超越國家視角去在看仰光與香港雙城

現代知識偏向分成國家史，緬甸有緬甸歷史、中國有中國歷史。但對於人類歷史來說，國界只是一條既短暫又常變的虛線。在人口流動及生活上，城市或社群應有更大的影響。人們用國界去看歷史便可能輕視了國際（用今日國界去定）之間的互動。

仰光（Rangoon，現代仰光名爲Yangon），在1852年第二次英緬戰爭後，成爲英國殖民地。在英國接管之前，仰光雖然都是一個朝聖者城市，但人口都只是不過是三數萬人，只有東印度公司等少數英國人都有設廠。如果熟悉香港歷史的讀者應該會留意到，1852年，那不是代表英屬仰光與英屬香港開埠同期嗎？（清

英兩政府於1841年簽訂南京條約，將香港島割讓給英國）。

　　回看十九世紀維多利亞時期的亞洲，人們不能忽略大英帝國帶來的影響。英屬印度版圖包括今日印度、巴基斯坦、孟加拉及緬甸；英國東南亞殖民地包括馬來亞半島、新加坡、香港等。英國商船及軍隊成為全球化的載體，連接起遠東及印度地區那一帶、那一路。高度的人口流動，促成部分樞紐發展成國際城市。當中有關口岸城市（Hub City）的論述可參考陳偉信博士論文。情況就好似一個盥洗盆，整個盤就是當時的印度及遠東，水就是人口，下水口就是樞紐城市。當城市是交通樞紐，貿易、人口及財富便會聚集，城市發展更蓬勃，而當城市發展更蓬勃，貿易、人口及財富便繼續聚集。在整片印度及遠東地區，就有幾個被選中的樞紐城市。

▌1909年的英屬印度地圖。（圖片來源：Wiki Common，https://en.wikipedia.org/wiki/British_Raj#/media/File:British_Indian_Empire_1909_Imperial_Gazetteer_of_India.jpg）

## 兩顆明珠及發展

當時的英國政府未有以傾國之力規劃、「打造」某某城市為窗口城市。歷史很多時，都好像加爾各答——英國第一顆印度明珠的發展般，純粹因為競爭原因而開發新地。當年孟加拉王「食水深」，在英國與印度人之間的貿易收取高額中介費及租金，又常常用武力協迫。東印度公司唯有選擇在恆河三角洲的三條村莊建立起新城市，名為加爾各答。香港如是，經歷第一次清英戰爭後，大英帝國對華全權代表查理義律（Sir Charles Elliot）選擇了香港，但其實英國外交精英，批評香港山多地少、鳥不生蛋，寧願選擇舟山群島。緬甸國境之內，西有阿恰布（Akyab，今稱為實兌），東有摩棉（Moulmein，今稱為毛淡棉），北有曼德勒。位於南方的仰光，卻在機緣巧合以及出色的管治者手上成為該地區樞紐。

在英國管治前，管理仰光的勃固省有豐富對外經驗，亦是第一位接待歐洲訪客的緬甸政府，英國管治之後，在短短數年間便超越阿哈布市，成為最大白米出口港。或許因為仰光市區當年真的未發展，人口少潛力大。英國政府可以在這裡進行大型城市規劃。其中最大的特色，就是引入城市網格規劃（見1911年仰光街道圖）。這種現代城市規劃方法不單在今日仰光舊市可以見到，連當年英屬香港及九龍區亦是同樣規劃。英國商家及政府在這些網格之內樹立一棟棟維多利亞建築、開設醫院、引入現代水利及軌道電車等。到了1862年英國政府便將英屬緬甸政府搬到仰光。

仰光首個大會堂於1886年建立；香港大會堂建立於1896年。仰光首間現代醫院Dufferin hospital於1887年建立；香港東華醫院建於1872年。仰光電車動公於1884年；香港電車於1904年投入服務。1913年仰光街頭出現巴士，而香港巴士在1920年代由九龍區開始。在印度及遠東地區，這兩顆英國明珠不約而同地從一個不起眼的小城市，經過歐洲人「醍醐灌頂」於短時間內引入現代科技及投資，急速發展成國際樞紐。

急速的城市發展，除了帶來財富，同時亦帶來移民人口。連接印度及遠東的仰光更一度超越紐約成為全球移民輸入最多的城市。（John L. Christian, "Burma Divorces India," Current History. (April 1937):82）根據1872年人口統計，大約有三分之二的仰光居民為緬甸族人。到了1937年，在仰光四十萬的居民中，只有十

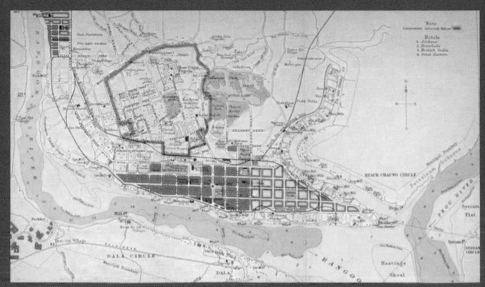

仰光地圖（1911）。（圖片來源：Wiki Common，https://commons.wikimedia.org/wiki/File:1911_map_Rangoon_John_Murray.png）

二萬七千人為緬甸族人，短短六十五年就使得每三個仰光居民中便有兩個是外來移民。他們主要來自印度東南部及中國，尤其是福建及廣東人，以及接壤的中國雲南。相較起緬甸其他城市，例如剛剛提到的阿恰布、曼德勒，主要以單一族群為主，仰光城市彷彿是個異類，外來人口占城市的大多數，飲食、語言及生活習慣等與鄰近的緬甸傳統不同。加上英國殖民主義的壓迫，可想而知積薪厝火，緬甸民族運動必然因仰光而燒起。

## 兩顆明珠結局

緬甸二戰後昂山將軍獨立運動的故事，在這裡並不詳述。文章比較關注緬甸民族運動先行者、若開邦上座部佛教高僧吳歐德瑪（U Ottama，1879-1939）。吳歐德瑪曾到加爾各答學習，訪歐洲、埃及，並在日本講學，又曾於越南與流亡

緬甸皇族見面。回到英屬緬甸後，吳歐德瑪在仰光YMBA（佛教青年會，Young Men's Buddhist Association）教學及發表反殖言論，開展他的政治生涯。吳歐德瑪憑著他在走遍東西的豐富閱歷，以及融會緬甸傳統、佛學及西方政治學知識，在仰光——這個西歐的東方顯現、英國主權在緬甸中央，狠狠地抨擊英國殖民政府，倡議緬甸民族主義。吳歐德瑪一生進出入牢籠，最終於1939年離世。中國國父孫中山亦曾與吳歐德瑪結緣，同是兩地民族主義先驅，惺惺相惜，相信一定有很多有趣的交流。1925年孫中山逝世，吳歐德瑪亦有出席喪禮。經過一輪的的民族運動，英國政府最終延伸1919年的印度管治條例，讓緬甸人可以透過選舉參與政治，並於1937年成為獨立行政的殖民地。說到這裡，無論香港或緬甸人都不能不感謝遠在英屬印度的印度人在20世紀初期的激烈民族運動及犧牲。經過一輪在印度發生的慘劇後，不少英國政界精英都慢慢接受到將管治權力下放給殖民地當地居民。

回答一開始的疑問：為什麼香港沒有緬甸社群？

我相信心水清的讀者已經看到，緬甸與香港同樣是區域樞紐，移居者的目的地，就好似一個盥洗盆中的兩個去水口，水當然不會在這個兩個出口互相往返。不過，從香港沒有緬甸社群這個現象看到，當年的緬甸應該是相當風光。


# 2021年緬甸抗爭


緬甸的新聞畫面勾起了港人2019年的回憶。雖然目標有異，民情不同，但手段還是相似的。作者人在國安法下的香港，太多話不好說。延伸文章思考，讀者可以去問，兩地一開始是相似的，但從何處起，因何因素，令兩地今日路徑不同？再問，這些因素又會否在今日香港出現呢？作者並沒有答案。

# 罹難者的故事：
# 現場的筆記與資料整理

本附錄部分人物照片以馬賽克處理，
圖文來源已徵得提供者授權同意刊載，
唯考量其人身安全，書中隱去來源出處，尚祈諒察。

## Reject Military Dictatorship

**February 25 at 2:07 AM**

子彈打到膝蓋會死人嗎？
20號曼德勒動亂後續
他當天不只被流彈掃到
還被軍警逮捕
他未得到適當的治療
今天過世了
年邁的父母去軍醫院領遺體未果
他們說：疫情期因擔心染疫而不交還大體
20號晚上被行型式槍殺的受害者
警方到現在都還沒受理
家屬數次去警局報案都被拒
年輕人說：到底要死多少人才能得到外界
　　的援助
若能因此而換來民主
他們願以生命換取
他們會是最後一代的抗議者嗎？

**February 28 at 11:51 AM**

228是臺灣民主歷程中最黑暗的日子之一
從2021開始
228對緬甸也一樣了
今日革命戰士的犧牲人數
丹老 7 位
土瓦 5 位
仰光 4 位

勃固 3 位

木各具 1 位

瓦城 3 位

臘戍 1 位

毛炎棉 2 位

其中有四位頭部中彈

子彈打在他們身上

也痛在全國人民心上

傷患不計其數

被捕捉者不計其數

## March 1 at 3:37 AM

228傷亡的人太多

這位罹難大學生

生前最後一篇臉書文

聯合國需要多少屍體才會採取行動

現在

全國多數人民也想問

到底要冷眼旁觀多久

到底要一直重複遺憾和譴責多久

是要等到大家放棄

等到下一個16年後再遺憾和譴責一次嗎？

同樣穿格子襯衫的是哥哥

中彈身亡的是弟弟

弟弟臨終前還打電話給母親說

我中了

3月2號12點葬禮

家屬歡迎大家送他最後一程

他戴著的黃色工地安全帽🪖保護不了他

從血流如注可知子彈穿透身體

他的背包內有幾千塊和手機

還有吃了幾口的麵包

## March 2 at 4:22 AM
## 再一位罹難者的故事

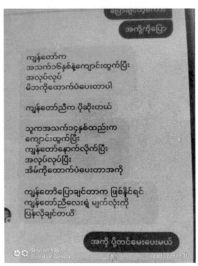

14歲就開始工作養家

在這次抗議中勇敢的站在最前線

手持自製木板用來擋軍警的攻擊

但子彈穿透木板打到頭部

連眼睛都被射離大體

他的哥哥希望能找回眼球

讓弟弟有完整的大體走完全程

每一位罹難者背後都有一些故事

除了心痛難過和無力感之外

都改變不了什麼

他被打穿胸膛死亡

民眾紛紛前往受難地點紀念他

軍警趁沒人時走到那裡

原以為他們在默哀

結果是在此地尿尿

是要有多無良才能做出這行為？

其實照片模糊不清

現在還無法確定真假

我希望是假的
對人性還抱著少許的期待


## March 3 at 2:37 PM

Mandalay again.
才19歲
花樣的年化
就爲國捐軀了
受難女孩—鄧家希
從名字可知是父母的希望
因爲她是家裡唯一的孩子
父母知道無法勸阻她親上前線
所以支持她
父親在她手上綁上紅色平安線
她在臉書的最後發文是捐贈自己大體還可
　　使用之器官
受難後沒多久就看到以她爲主的照片
都聚焦在她身上
一度誤以爲太活躍而被謀殺了
幸好瓦城現場人士告知眞相
才知道自己想太多了
看著她父親焦急的面容
可想見內心的悲憤
5號下午5-6點就瘋傳軍警對家希開棺驗屍
　（6號10點補充：網上瘋傳相關照片，所
　　以還無法確認眞假。
鄧父呼籲民眾冷靜，勿爲了家希犧牲任何

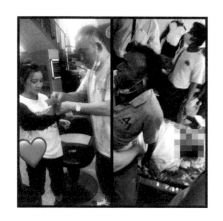

一人。）
原本很多人抱以懷疑的態度
但有人上傳墓穴的照片
附近居民還跑去確認
幸好沒開棺驗明
當這些照片和影片傳上網後
全國人民的憤怒可想而知
家希友人在第一時間就澄清一次
但照片和影片太逼真
連各大媒體都報導了
他只好再澄清一次
但很多人還是不相信
正當大家的注意力都在這時
瓦城各主要幹道路燈被關掉了
為數眾多的車輛從皇城湧出
不知駛向何方
又再上演國王的新衣
國營電視台報導
鄧家希案經調查後
非軍方慣用槍械和子彈導致
以為騙得了自己
就能騙過人民和全世界嗎？

## 那些抗議現場背後的事

近日全國每天都有逾百人被捕
仰光的抗議者會被送到茵盛監獄
大家在白衣上寫上紀念詞

一種反諷和不屈不撓的精神

一位母親帶著堅毅決心
爲即將出去抗議的兒子唸平安祈禱經
祖母替他們拍照留念
三代人唯一沒有代溝的事
應該就是這次了

## March 3，星期三，

目前爲止的全國死亡人數高達61人😭😭💜
數字可能在增加中

仰光Yangon - 22 💜

土瓦Dawei - 4 💜

丹老Myeik - 5 💜

勃固Bago - 2 💜

瓦城Mandalay - 10 💜

毛淡棉Mawlamyine - 2 💜

Pakkoku - 1 💜

奈比多Nay Pyi Taw - 1 💜

Htan Talan - 1 💜

東枝Taung Twin Gyi - 1 💜

敏強Myingyan- 2 💜

蒙育瓦Monywa - 9 💜

沙淋Salin - 1 💜

BLACK WEDNESDAY

## March 4 at 10:04 AM
## 受難者背後的故事

目前爲止
全國受到最嚴重鎮壓的是：
昨天的North Okkalapa
這男子和家人以販賣炭灰爲生

生活有多困難可想而知
老父親拿著兒子的死亡證書
連哭都哭不出來了
更正：這位老人是另一受難者父親，收上
　　　拿著的確實是兒子的死亡證書，一張
　　　照片，兩個破碎的家庭

## March 4 at 2:25 PM
## 受難者背後的故事

3月3號在瓦城中彈身亡者中
還有一位39歲的男性
他從事玉石零售買賣業
（瓦城很多人以此爲生）
太太是正在參與CMD的擺工公務員
有3歲和11個月的孩子
同樣也是4號的葬禮
卻沒有受到太多的關注
從政變遊行以來
天天參與
晚上還會參加夜間巡邏勤務
在閃亮的家希身旁
容易忽略了他
所以特別介紹一下

## March 5 at 2:42 AM
## 又一受難者故事

昨日在敏強頭部中彈的男生
21歲
他騎車販售食用品
緬甸鄉間很多這種小販
每日需清晨4-5點起床採購
再分裝成小包

接著一村進一村出的沿村叫賣
用微薄的收入養家
他照往常的路線回家
但途經抗議處時
被流彈打中

## 受難者背後的故事

吉靈廟ကလေးမြို့的受難者
才18歲的ဇင်မျိုးမောင်Zin Myo Maung
3月2號罹難
不能因為受難於偏遠城鎮
就忽略了他的犧牲

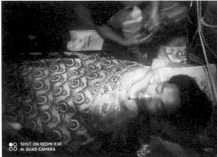

## 受難者背後的故事

3月3號在蒙育瓦遇難Ko Wan Yun
也才25歲
一直都站在遊行隊伍的最前線
遇難後
大體還被憤怒的軍方拖行

今日瓦城
又增加一位受難者
才26歲的Ko Zaw Myo
留下懷孕的太太
又一破碎的家庭

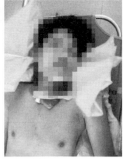

## 受難者背後的故事

又一位偏遠地區的往生者

瑪奎省Taung Dwing Gyi

現年才17歲的Thi Ha Naing

家裡頗困難

想幫助的朋友們

可以等基金會成立

因為我難以確認每一位受難者家屬的聯絡
　　電話

謝謝大家的熱心

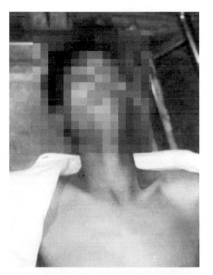

## 受難者背後的故事

瓦城20歲青年Mg Naing Min Ko

軍警在驅散群眾時

他在放置樹幹以阻擋軍警

當然被當成目標射擊

雖然只中腿部

但被軍方逮住了

未能即時救醫而死往

消息還是從國營電視台知道的

父母雙亡

與姐姐居住在瓦城88與43街附近

也是困難人家


又一位受難於仰光North Okkalapa的年輕
    生命

才18歲

3月4號下午1點多往生

## 受傷者背後的故事

3月3號

更正：在曼德勒受傷

（在仰光 North Okkalapa 鎮壓時受傷的）

縫了40多針

再痛也要比出革命手勢

家境清寒

他本人為了安全暫時躲起來

## 受難者背後的故事

2號中午11:20

在吉靈廟 ကလေး Kalay抗議遊行

才18歲

## 受難者背後的故事

大家看過軍警在蒙育瓦拖行屍體的影片吧

其中一位是詩人Ko Kay Za Win

雖是文人

卻走在最前線

怎能忘了他

第一張照片是他在2月23號寫的詩

（我盡力翻譯了）

**論頭顱**

革命是需要風水土都齊備才開的花

•ခေါင်းခွဲများအကြောင်း

တော်လှန်ရေးက
လေရေးမြေ အာဟာရညီမှ ပွင့်တဲ့ ပန်းပဲ
တော်လှန်ရေးမပွင့်ခင်
လမ်းမပေါ် ပွင့်ထွက်သွားနဲ့ ခေါင်းခွဲက
စကားတခွန်း ပြောသွားသေးလား
မိစ္ဆာတွေနဲ့ တွေတွေရင်ဆိုင်နေရချိန်မှာ
သဘောထားကြေညာချက်တွေဟာ အရေး
ပါသေးလား
ဓားရဲ့တရားဆိုတာ
ဝင်ရုံနဲ့ မရ၊ ရှေ့တိုးပြီး ခုတ်မှ ရမယ်
တော်လှန်ရေးပဲ
တွေးနေရုံနဲ့ မရ၊ သွေးအတိုင်း ရဲတက်လာ
မှ ရမယ်
မတွေဝေနဲ့တော့
တော်လှန်ရေးရဲ့ စနက်တံဟာ
ခင်များ မဟုတ်ရင် ကျုနော်ပဲ ။

#ကေဇဝင်း ဖေဖော်ဝါရီ ၂၃၊ ၂၀၂၁

革命之花未開前
街上炸開的頭顱有說過什麼嗎？
妖魔鬼怪壓制而來時
抗議訴求還有其效力嗎？
法之刀是無法擠兌、只能砍著前進
革命啊
光想沒有用、熱血沸騰才能繼續
別遲疑了
革命齒輪、不是你、就是我

#革雅沙 2月23日號2021年

## 受難者背後的故事

每一位受難者
代表著每一戶破碎的家庭
除了白髮人送黑髮人的哀傷外
也有幼兒痛失父或母親的悲痛
這樣的悲劇
每天都在發生
這就是緬甸現況

## 被捕者背後的故事

Htet Wai Yan 21歲
仰光被驅散過程中
犧牲自己幫戰友爭取逃跑的時間
目前在茵盛監獄
家屬探訪無果
身受重傷需要治療

## 受難者背後的故事

3月3號受難者很多
有些很快就查出身分
有些一直以無名氏放在停屍房
這位受難者Mang Suan Khai 27歲
當天即打電話給哥哥
表示腿部中彈且不知被送往哪裡的途中
家人於是在茵盛監獄和各處打聽
因為抱著腿傷不至死的信念
一直沒去醫院認屍
在苦尋不著後
還是前往醫院
家屬看著冰冷的屍體
不得不面對事實

今日（3月8號）密支那受難者
1。Zin Min Htet 22歲
2。U Cho 62歲
軍方犯案後
還企圖掩蓋眞相
清洗犯罪現場

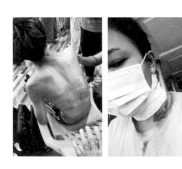

今日 丹老
9號重點被鎮壓的城市之一
軍警暴力對待抓走的抗議民眾
連高中小男生也不放過
女生也不放過

## 受傷者背後的故事

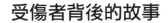

仰光North Okkalapa 鎮壓導致多少傷亡
傷者Ko Min Thu Ya 眼睛中橡膠子彈
醫院表示沒機會重見天日
往後的日子
眞的難以想像
他目前在家休養中

## 受難者背後的故事

前幾天在仰光發現無名屍體
手腳和嘴都被綁住或封住
一時不知死者是誰
今天終於知道身分了
是大金塔眾多管理員之一
因不交出鑰匙而被抓走
諷刺的是
死者兒子是服役放77團的軍官
對於多數民眾而言
這是軍警的行為
但支持軍方群裡卻說成：被民盟黨員殺死
民盟黨員幾乎都在監獄了
被洗腦真是一件很可怕的事


## 受難者背後的故事

3月3號在仰光North Okkalapa 遇難
25歲的Ko Akar Moe
他的朋友說：
沒看到太多人為他發聲或紀念
不求資金協助
只求記得他的犧牲

## 受難者背後的故事

11號在仰光受傷的Ko Chit Min Thu
出發前該準備的都準備了
擋子彈的盾牌
背包內放著擋棍棒用的書本
避邪用的檸檬
還有1000元

太太一直希望他不要走上街
他對太太說：
我需要爲了下一代出去抗爭
只能對不起你了
留下3歲的兒子和懷有2個月孕的太太

半夜死神來訪？
夜晚把活力十足的人抓走

隔日請家屬去領屍
屍體有剖開又重縫的縫線

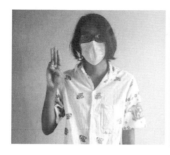

## 受難者背後的故事

11號在瓦城受難的年輕人
19歲的Maung Linn Htet是位大二的學生
鎮壓過程中死亡
但軍警將屍體搶走
所以家屬連最後一面也沒見到
他的母親希望各界的關注
能讓軍警至少還屍體
替他辦個葬禮
這麼基本的願望
在目前的緬甸卻成了需要求助的願望

今日13號 緬甸
從12號晚上夜間抗議就開始鎮壓了
仰光，瓦城一直都首當其衝
從昨晚開始的死傷人數一直延續到今天
Pyay首次傳出傷亡
瓦城今日死亡人數可能到兩位數
其他各城也都傳出不少受傷人員
瓦城一名懷孕女烈士

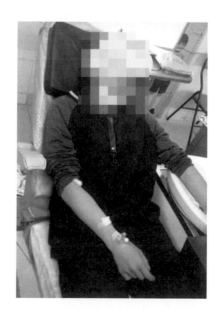

因為讓學生躲進家中
所以頭部被開槍擊斃
也有13歲未成年生亡
另有一位僧侶也罹難了
Pyay青年嘴部中彈
嘴巴整個被打爛
看了即心疼又憤怒

## 受難者背後的故事

其實受難人數太多
因為資訊取得不易
目前無法一一介紹
很無奈也很對不起犧牲者們
這位是13號PYAY市首位犧牲者
才大一的Htet Myant Naing
前一天還跟女朋友聊到逃跑的方式
今天卻沒能跑脫
他原本有機會活下來的
腹部中了兩槍後送醫急救中
內奸把消息通報給軍警
醫護人員只好帶著受傷的他跑
導致失血過多而亡
這不只是死於槍下
也是死於人的口下啊

## 受難者背後的故事

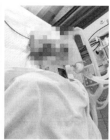

又一位19歲
又是頭部中彈
12號晚上
仰光 HLAING區被鎮壓
Aung Paing U頭部中彈
送醫後13號離世
母親聽完當場暈倒了
又多了一位心碎的母親

## 愛難者背後的故事

13號瓦城旳罹難人數相當多
這位是21歲的Saw Pyay Naing
父母雙亡
姐弟兩相依爲命
如今只剩下姐姐一人了

## 14號在克欽邦帕敢

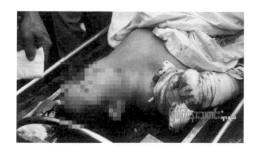

現年30歲的Ko Kyaw Linn That
是位揮尼族男子
也是拿盾牌檔在最前線的抗議者
帕敢雖不是大的城市
但在這次抗議中非常堅持和團結
是繼密支那外最激烈的克欽邦城鎮

抗議過程中的愛心故事
即使被暴力鎮壓
即使財務困難
彼此互相扶持的傳統仍在
善心組織送了數車到仰光North
　　Okkalapa區
居民可以免費拿任一種蔬菜

大家雖困難
但未見爭搶行為
抗議學生拿到捐贈的飯盒
寧願自己餓也要分享給流浪狗
這種相互幫助的愛心團結的起義
不足以感動世界嗎？
不足以伸出援手協助嗎？

## 14號 晚上7點
## 在仰光South Dagon受難

隔日滿28歲的Mg Kyaw Win Ko
還計劃在生日當天分送食物給戰友們
前一晚就罹難了
想親自慰問的朋友
第二張照片有地址
希望大家能送他最後一程
受難的人越來越多
好多人都沒被關注到
讓我們一起記錄他們
我有個不知道能不能實現的願望

等一切結束
坐火車到全國親訪受難者家屬
感謝他們的付出和犧牲
若力有所及
當然也想提供補助金
希望這願望早點實現


# 14號仰光死傷嚴重

但其他城也並不平靜
勃固市
這名婦女非抗議者
只是以洗衣為生的單親媽媽
家有三位孩子
這房屋
這孩子
看了讓人心碎
沒人知道她為何被害
軍警把她的屍體丟藏在水溝
再用垃圾掩蓋
人命如垃圾嗎？
憤怒已不足以形容了

## 14號仰光North Okkalapa

22歲的Han Htet Aung
送醫後父母未來探視
所以在無親人陪伴下離世
一問才知他來自軍人家庭
全家人都反對他的抗議行爲
我能用出污泥而不染來形容他嗎？
是什麼樣的洗腦
才能讓父母連孩子最後一面都不見呢？
是眞的鐵石心腸
還是擔心受牽連呢？
願你安息、孩子

## 14號仰光North Okkalapa

22歲的 Han Htet Aung
送醫後父母未來探視
所以在無親人陪伴下離世
一問才知他來自軍人家庭
全家人都反對他的抗議行爲
我能用出污泥而不染來形容他嗎？
是什麼樣的洗腦
才能讓父母連孩子最後一面都不見呢？
是眞的鐵石心腸
還是擔心受牽連呢？
願你安息、孩子

## 15號 瓦城 茵盛區Saw Pyay Zoe

因整夜未歸
次日再去尋找時
被告知大體在1號高中
頭部中彈生亡
才22歲
父母早逝
與祖母相依為命
現在只剩祖母一人了

哥哥在11號遇受
弟弟在15號遇受
無法想像家人的悲憤

仰光14號晚上失蹤的aung Phyo Htet，
被發現時已往生，
大體被解剖，連頭部都被解剖過。

## 3月14日，
## 緬甸仰光醫科大學的
## 一年級學生Khant Nyar Hein

在仰光街頭抗議軍方的示威遊行活動中喪
　　　生，年僅17歲。
在這場緬甸政變已經犧牲無數年紀輕輕的
　　　寶貴生命，
但大家都曉得沒有不留血的革命，他們的
　　　犧牲是有價值的


## 14號在仰光South Okkalapa鎮壓過程中
## 受難的Mg Khan Aung Phyo

是19歲的大一學生，中彈前還傳簡訊給母親：
「媽媽別為我膽心，我也不怕，我已決心把自己捐給國家了，
為了國家需要有勇力。太平盛世時大家出家為僧，地獄時代只會殺人了。」
文質彬彬的小孩，卻有著英雄氣魄。願你安息。

年輕的Ko Tin Tun Aung在鎮壓過程中頭部被擊，
因傷無法逃離現場，軍警逮捕到他後，把還有生命跡象的他抓住，
邊大聲喊：「你真命大。」邊抓著他的頭髮撞向水泥牆至死。願你安息。

受傷過程中的故事，被暴力鎮壓的每一個城市，
每一個區域都自製路障以爭路逃跑的時間，
隨者鎮壓力道越強越血腥，路障也更加多了。
這些路障不見得能阻擋軍警，救護車卻開不進來了。
救護車開不進來的另一個原因，是軍警對醫護人員也開槍不避諱。
大家只能把人力三輪車，手拉車等充當救護車。緬甸人民們常喊的口號之一：
我們（人民）還有或共有我們（人民）可以依靠。

來自軍方家庭的That Paing Soe，因與家人理念不同，所以離家出走，
暫居朋友家。21號仰光抗議鎮壓中罹難，現年28歲，願你安息。

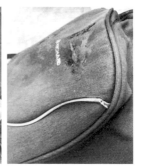

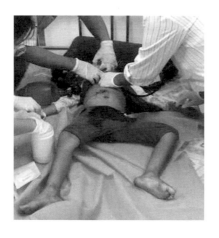

還有人性嗎？23號下午5點多，
瓦城一名七歲女童在家被槍擊。
父親送她就醫時，
緊張的等待奇蹟，
但醫生們搶救後仍回天乏術。
願妹妹安息！

翻譯一名瓦城Mandalay急救醫生寫下的病歷給大家看

姓名：不明

年齡：28歲左右

原因：頭部中彈

日期：23號3月2021

看了一下隨身帶著的物品：

一隻手錶，一把長刀，一個背包

背包內是試著阻擋子彈的數片木板

還有一根民間傳說能避彈的稻草

子彈打在你頭上

同時穿透我心

## 19號血染昂板的星期日

Ye Thu Aung是當日受難者之一

昂板人們說：他們遊行隊伍的支柱

每天都報到也走在最前線

從局勢開始緊張後就帶著長刀上街

願犧牲生命換取民主

他在被槍擊斃前

用長刀砍了4名軍人和1名警員

最後說的一句話：值了！

他的屍體被軍警帶走且搶先火化

家人未能見到大體

昂板是蔬果批發鎮

許多年輕男生以搬運工為生

生活頗清苦

他也來自頗困難的家

希望一切恢復平靜後

大家在自己能力內幫助他的家人

願你安息

## 25號血染東枝的星期四

現年28歲的Nay Lin Htwe or Mohamad
       Sadiq
是伊斯蘭教徒
他在被槍擊斃前砍死兩名警員
願你安息！

## 27號死傷創新高

遍及的城市也最多
遍及的年齡層也最廣
被傷害的幼童越來越多
年齡一下往下探
7歲孩子在家中父親懷中被殺
不只5歲孩童被殺

1歲孩童也被橡膠彈打中眼睛

這些孩子都沒有參與抗議

要有多冷血無情

才能把槍口對準他們？

緬甸人民今日的心聲：

我們不要諾貝爾獎了

請保護我們的孩子免於被殺害！

## 27號月圓心碎日

痛失幼兒的父親

手上抱著兒子呼天搶地喊著：我兒死了！

無法接受兒子已死的母親

背對兒子遺體喃喃自語：

他還沒吃過飯呢！

拿不回兒子遺體的母親

向媒體痛訴：他才13歲，

我只想要回他的遺體！

不知母親已亡而在在找母親的幼兒

以後要依靠誰呢？

那顆掉落在地上的人腦

那片從身體滑出來的肺

那隻被打穿了的眼睛

月圓之下卻少了這麼多的空缺

要用什麼來補呢？

要怎麼補呢？

#緬甸政變

據Myanmar now報導

27號下午9點爲止

全國死亡人數已達114人

仰光省 Insein 茵盛 အင်းစိန် - 5

仰光省 Dalla 德拉 ဒလ - 6

仰光省 Hlaing 萊 လှိုင် - 2

仰光省 Mayangon မရမ်းကုန် - 2

仰光省 North Dagon မြောက်ဒဂုံ - 1

仰光省 Yuzana plaza Garden ယုဇနဥယျာဉ်မြို့တော် - 1

仰光省 Sanchaung စမ်းချောင် - 1

仰光省 Mingala Taungnyunt မင်္ဂလာတောင်ညွန့် - 1

仰光省 Thingangyun သင်္ဃန်းကျွန် - 2

仰光省 South Dagon တောင်ဒဂုံ - 2

仰光省 Thanlyin သန်လျင် - 2

仰光省 Thaketa သာကေတ - 1

仰光省 Tamwe တာမွေ - 1

Bago 勃固省Pe New Kone ပဲနွယ်ကုန်း - 1

Bago 勃固省Hpa Do ဖဒိုမြို့ - 1

Bago 勃固省Daik-U ဒိုက်ဦး - 3

Bago 勃固省Monyo မိုးညို- 1

Bago勃固省Bago ပဲခူး - 3

曼德勒省瓦城 Mandalay မန္တလေး - 11

曼德勒省 Amarapura အမရပူရ - 2

曼德勒省 Meiktila မိတ္ထီလာ- 4

曼德勒省 Kyaukpadaung ကျောက်ပန်းတောင်း- 3

曼德勒省 Nyaung U ညောင်ဦး - 1

曼德勒省 Pyin Oo Lwin မမြို့ - 7

曼德勒省敏強 Myingyan မြင်းခြံ - 5

曼德勒省 Mogok 莫谷 မိုးကုတ် - 3

曼德勒省 Wundwin 旺敦 ဝမ်းတွင်း - 2

曼德勒省 Sintgaing 欣改 စဉ့်ကိုင် - 2

Sagaing 實皆省 Shwebo ရွှေဘို - 5

Sagaing 實皆省 Sagaing စစ်ကိုင်း - 3

Sagaing 實皆省 Monywa မုံရွာ - 2

Sagaing 實皆省 Salingyi ဆားလင်းကြီး - 1

Magway 瑪奎省 Pwintbyu ပွင့်ဖြူ - 2

Magway 瑪奎省 Pakokku ပခုက္ကူ - 4

Ayeyarwady 伊落瓦底省 Pathein 勃生 ပုသိမ် - 4

Shan 北撣邦腊戌 Lashio လားရှိုး - 4

Mon 孟邦 Kyaikto ကျိုက်ထို - 1

Mon 孟邦 Mawlamyine 毛淡棉 မော်လမြိုင် - 3

Tanintharyi 德寧達伊省 Myeik 丹老 မြိတ် - 1

Tanintharyi 德寧達伊省 Dawei 土瓦 ထားဝယ် - 2

Tanintharyi 德寧達伊省 Kawthang 高丹 ကော့သောင်း - 2

Kachin 克欽邦 Hpakant 帕敢 ဖားကန့် - 1

Kachin 克欽邦 Hopin 霍北 ဟိုပင် - 1

Kachin 克欽邦 Bhamo 八莫 ဗန်းမော် - 2

#緬甸政變

| စဉ် | မြို့အမည် | ကျဆုံးအရေအတွက် | တိုင်း/ ပြည်နယ် |
|---|---|---|---|
| ၁ | ဒလ | ၆ | ရန်ကုန် |
| ၂ | အင်းစိန် (ရွှေပြ) | ၅ | ရန်ကုန် |
| ၃ | လှိုင် | ၂ | ရန်ကုန် |
| ၄ | မရမ်းကုန်း | ၂ | ရန်ကုန် |
| ၅ | မြောက်ဒဂုံ | ၁ | ရန်ကုန် |
| ၆ | ယုဇနဥယျာဉ်မြို့တော် | ၁ | ရန်ကုန် |
| ၇ | စမ်းချောင်း | ၁ | ရန်ကုန် |
| ၈ | မဂႆလာတောင်ညွန့် | ၁ | ရန်ကုန် |
| ၉ | သင်္ဃန်းကျွန်း | ၂ | ရန်ကုန် |
| ၁၀ | တောင်ဒဂုံ | ၂ | ရန်ကုန် |
| ၁၁ | သန်လျင် | ၂ | ရန်ကုန် |
| ၁၂ | သာကေတ | ၁ | ရန်ကုန် |
| ၁၃ | တာမွေ | ၁ | ရန်ကုန် |
| ရန်ကုန်တိုင်း စုစုပေါင်း | | ၂၇ | |
| ၁၄ | ပဲနွယ်ကုန်း | ၁ | ပဲခူး |
| ၁၅ | ဖဒို | ၁ | ပဲခူး |
| ၁၆ | ဒိုက်ဦး | ၂ | ပဲခူး |
| ၁၇ | မိုးညို | ၁ | ပဲခူး |
| ၁၈ | ပဲခူး | ၂ | ပဲခူး |
| ပဲခူးတိုင်း စုစုပေါင်း | | ၉ | |
| ၁၉ | ဝမ်းတွင်း | ၂ | မန္တလေး |
| ၂၀ | မိတ္ထီလာ | ၄ | မန္တလေး |
| ၂၁ | ကျောက်ပန်းတောင်း | ၃ | မန္တလေး |
| ၂၂ | မြင်းခြံ | ၅ | မန္တလေး |
| ၂၃ | ညောင်ဦး | ၁ | မန္တလေး |
| ၂၄ | ပြင်ဦးလွင် | ၇ | မန္တလေး |
| ၂၅ | မိုးကုတ် | ၃ | မန္တလေး |
| ၂၆ | စဉ့်ကိုင် | ၂ | မန္တလေး |
| ၂၇ | မန္တလေး | ၁၁ | မန္တလေး |
| ၂၈ | အမရပူရ | ၂ | မန္တလေး |
| မန္တလေးတိုင်း စုစုပေါင်း | | ၄၀ | |
| ၂၉ | စစ်ကိုင်း | ၃ | စစ်ကိုင်း |
| ၃၀ | ရွှေဘို | ၅ | စစ်ကိုင်း |
| ၃၁ | မုံရွာ | ၂ | စစ်ကိုင်း |
| ၃၂ | ဆားလင်းကြီး | ၁ | စစ်ကိုင်း |
| စစ်ကိုင်းတိုင်း စုစုပေါင်း | | ၁၁ | |
| ၃၃ | ပွင့်ဖြူ | ၂ | မကွေး |
| ၃၄ | ပခုက္ကူ | ၄ | မကွေး |
| မကွေး စုစုပေါင်း | | ၆ | |
| ၃၅ | ပုသိမ် | ၄ | ဧရာဝတီ |
| ၃၆ | လားရှိုး | ၄ | ရှမ်း (မြောက်) |
| ၃၇ | ကျိုက်ထို | ၁ | မွန်ပြည်နယ် |
| ၃၈ | မော်လမြိုင် | ၃ | မွန်ပြည်နယ် |
| မွန်ပြည်နယ် စုစုပေါင်း | | ၄ | |
| ၃၉ | ထားဝယ် | ၂ | တနင်္သာရီ |
| ၄၀ | ကော့သောင်း | ၂ | တနင်္သာရီ |
| ၄၁ | မြိတ် | ၁ | တနင်္သာရီ |
| တနင်္သာရီ စုစုပေါင်း | | ၅ | |
| ၄၂ | ဖားကန့် | ၁ | ကချင်ပြည်နယ် |
| ၄၃ | ဟိုပင် | ၁ | ကချင်ပြည်နယ် |
| ၄၄ | ဗန်းမော် | ၂ | ကချင်ပြည်နယ် |
| ကချင်ပြည်နယ် စုစုပေါင်း | | ၄ | |
| စုစုပေါင်း | | ၁၁၄ | |

## 27號 是緬甸孩童受難日

一歲孩童被橡膠子彈打中眼睛
子彈還未取出
從X光可看出可能傷及骨節
孩子來自貧窮線下的家庭
父母連智慧型手機都沒有

需要各界伸出援手
待我查到他們的接洽方式
再分享給大家
#緬甸政變

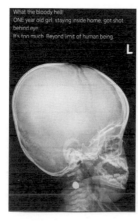

## 沒有最惡劣 只有更惡劣
## 27號晚上瓦城
## Aungmyethazan

晚上8:30多軍警進駐開槍
互助巡邏員們紛紛躲避
但U Aye Ko在逃跑中被槍擊中
軍警邊開槍邊咆哮：探出頭就打爆那個頭
居民們只能關燈聽著他們的肆無忌憚
軍警邊不只放火燒路障

還把受傷的U Aye Ko拖到火堆中
一個毫無還手能力的平民就這樣被活生生
　　燒死了!
#緬甸政變

一直不知道要如何開始27號受難者故事
但他們不能沒被記錄啊⋯
大家都知道蒙育瓦Monywa人向來英勇
27號鎮壓過程中
Ko Tun U胸部和手中彈
忍痛拉著快掉的龍基跟著大家跑
直到稍稍安全的地方
才不支倒地身亡
死也不讓軍警有機會帶走大體
願你安息!
#緬甸政變

## 27號
## 受難者背後的故事

Ma Aye Myat Thu才11歲
毛炎棉鎮壓過程中被槍擊中
一位愛漂亮愛美愛畫畫的小女生
這麼早就離開人世
家人爲了準備了畫筆
也把她打扮的漂漂亮亮
讓她美美的走完最後一程
願你安息！
#緬甸政變

## 28號
## 從瓦城မန္တလေ Mandalay駛向
## 木格具ပခုက္ကူ Pakokku的
## 客運遇難

軍方一直希望一切恢復正常
但他們的行爲卻反其道而行
軍警無理由的向行駛中的客運開槍
造成坐在副駕駛座的乘客死亡
司機手臂受傷
其他客人受到驚嚇
這樣見人見車見正在移動的東西就打的話
生活要如何正常呢？
軍方到底懂不懂這道理？
#緬甸政變

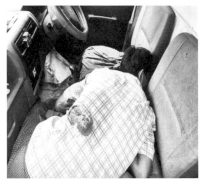

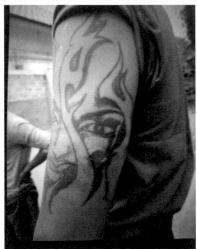

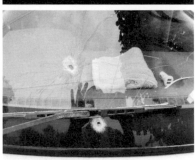

# 緬甸政變與自由運動大事時間表

| 日期 | 事件 | 資料來源 |
|---|---|---|
| 2020年 | | |
| 11月8日 | 緬甸議會選舉於2020年11月8日（星期日）舉行，旨在選出新一屆緬甸聯邦議會的地方選區議員。地方議會選舉亦於同日舉行。這次選舉共有超過1,100個聯邦議會和地方議會席位參與競選。 | https://www.mmtimes.com/news/myanmar-voters-swamp-poll-stations-undeterred-virus.html |
| 11月9日 | 全國民主聯盟（NLD）在議會選舉中大勝。 | https://www.voanews.com/east-asia-pacific/timeline-recent-events-myanmar |
| 11月11日 | 主要反對黨聯邦鞏固發展黨質疑選舉舞弊，要求重選，並尋求軍方協助，確保選舉公平。 | |
| 2021年 | | |
| 1月26日 | 國家領導委員會發言人兼准將紹敏通警告，若選舉紛爭仍未解決，將會有所行動，並不排除發動政變。 | https://www.voanews.com/east-asia-pacific/timeline-recent-events-myanmar |
| 2月1日 | 新一屆議會首次開會前數小時，軍方突襲拘禁昂山素姬、總統溫敏以及全民盟的高層人物，並宣布戒嚴。<br>全民盟發表昂山素姬的聲明，呼籲民眾上街抗議政變。 | https://www.aljazeera.com/news/2021/2/23/timeline-of-events-in-myanmar-since-february-1-coup<br>https://www.thenewslens.com/article/147638 |
| 2月2日 | 美國將事件定性為軍事政變。緬甸醫療人員及學生呼籲群眾進行不合作運動。 | |
| 2月3日 | 緬甸警方控告昂山素姬違反進出口法，總統溫敏違反自然災害管理法。 | |
| 2月4日 | 在緬甸第二大城市曼德勒，示威者首次上街抗議，最少3人遭到逮捕。 | |
| 2月5日 | 遭罷黜的緬甸國會議員組成緬甸聯邦議會代表委員會（CRPH）。 | |
| 2月6日 | 數以萬計市民在各大城市上街抗議。軍政府下令封鎖民眾使用推特和Instagram，其後一度完全封鎖網路。 | |
| 2月8日 | 國防軍總司令敏昂萊首度發表電視談話，指會在一年內重辦選舉並移交政權。 | |

| 日期 | 事件 | 資料來源 |
|---|---|---|
| 2月9日 | 警察在首都奈比多動用水砲車、橡膠子彈及實彈驅逐示威者，女大學生Mya Thwate Khaing被實彈射中頭部。 | |
| 2月15日及16日 | 軍方繼續扣押昂山素姬，並加控她違反國家天然災害管理法。 | |
| 2月19日 | 於二月九日遭警方實彈打中的Mya Thwate Khaing不治身亡，是抗爭中第一位死者。 | |
| 2月22日 | 民眾在緬甸各大城市發起「22222」全國大罷工。<br>美國宣布再制裁兩名緬甸軍政府領導人，而歐盟考慮對緬甸軍方擁有的企業施加制裁及取消緬甸享有的貿易優惠待遇。 | |
| 2月23日 | 七大工業國集團（G7）外長聯合譴責緬甸軍方對示威者使用暴力。 | |
| 2月24日 | 緬甸軍政府新外長溫那貌倫飛抵曼谷，與泰國、印尼外長舉行非正式三方會談。 | |
| 2月27日 | 緬甸駐聯合國大使覺莫吞（Kyaw Moe Tun）遭軍政府撤職。<br>緬甸軍警對全國各地進行大規模鎮壓，至少470人遭逮捕。 | |
| 3月3日 | 東盟成員國呼籲緬甸軍政府釋放昂山素姬。<br>19歲華裔少女鄧家希在示威時遭軍方實彈射擊，頭部中槍死亡。 | https://cn.reuters.com/article/idCNL3S2L1004 |
| 3月4日 | 緬甸軍警挖墳起出鄧家希遺體，其後宣稱其後腦子彈並非警方所用款式。 | https://edition.cnn.com/2021/03/12/asia/myanmar-protester-angel-democracy-martyr-intl-hnk/index.html |
| 3月10日 | 聯合國安全理事會第二次表態，一致譴責針對緬甸抗議者的暴力行動，並要求立即釋放國務資政昂山素姬和總統溫敏等被任意拘留者。 | https://news.un.org/zh/story/2021/03/1080062 |
| 3月13日 | CRPH任命曼溫凱丹（Mahn Win Khaing Than）為代理副總統，力促國際社會承認「平行文人政府」為合法政府。 | |

| 日期 | 事件 | 資料來源 |
|---|---|---|
| 3月23日 | 警方在曼德勒搜查市民居所，7歲女童Khin Myo Chit在家中被射殺。 | https://www.bbc.com/news/world-asia-56501871 |
| 3月24日 | 示威者發起「無聲罷工」，呼籲市民留家。軍政府釋放六百多名示威者。 | https://www.voanews.com/east-asia-pacific/thousands-stay-home-across-myanmar-silent-strike-against-junta |
| 3月27日 | 緬甸軍人節下，民眾在多個城市上街示威，軍隊開槍射死逾百示威者，遇難者包括兒童。英美等十二國國防部長聯合譴責緬甸軍政府，聯合國秘書長古特雷斯呼籲國際社會強硬回應緬甸軍政府的行為。<br>軍方在晚上空襲靠近泰國邊界、由緬甸東南部的武裝少數民族克倫民族聯盟（Karen National Union, KNU）控制的村莊，翌日逾千人越過邊境逃往泰國。 | https://www.reuters.com/article/idUSKBN2BJ02H) |
| 3月31日 | 緬甸聯邦議會代表委員會（CRPH），廢除現行憲法，並公佈《聯邦民主憲章》為臨時憲法。CRPH更有意與少數民族獨立軍共組聯邦政府，目前少數民族軍未有回應。緬軍同日宣佈，自四月起停火三十天，但仍會持續針對所有干擾政府與政權安全的行為進行回應。 | https://www.irrawaddy.com/news/burma/myanmars-10-peace-signatories-back-elected-govt.html |
| 4月4日 | 由十個少數民族武裝組織團體組成的和平進程指導小組（PSST）發表聯署，表示支持進行不合作運動的民眾和緬甸聯邦議會代表委員會（CRPH），並要求軍方停止對民眾實施暴行。 | https://www.irrawaddy.com/news/burma/myanmars-10-peace-signatories-back-elected-govt.html |

•
•
•
•
•

## 爭一個 緬甸的民主未來

附錄

緬甸死難者名單

緬甸反軍政府示威第一名死者，是2021年2月9日內比都示威中被軍警開槍擊中頭部死亡的華裔少女鄧家希。不過早在她去世前，就已有懷疑由軍方或親軍政府人士所爲針對示威者的謀殺案，分別是2月8日曼德勒被汽車撞倒的3人，以及夜間在丹老擔任社區巡守隊隊員保護鄰里時被暗殺的Mg Nay Nay Win Htat。殺死他們的兇手，至今仍逍遙法外。

　　在鄧家希於2月19日搶救無效過世後，翌日曼德勒軍警便開始肆無忌憚以實彈向悼念民眾的示威者掃射。2月28日開始，全國各地皆開始出現軍警射殺民眾的事件，整個3月，實彈鎮壓愈來愈嚴重，軍警甚至出動手榴彈、火箭炮、戰機空襲等軍事手段來殺害民眾。不少被殺的人，只是單純路過軍警防線，甚至只是留在家裡仍被無端射殺。3月14日及3月27日緬甸軍人節的殺戮尤爲嚴重，分別錄得96宗及158宗死亡個案，絕大部分是被開槍射殺。整個2月及3月，總共有536名民眾死亡，大部分死者皆爲男性，多數來自最大的兩座城市仰光及曼德勒，鎮壓中最年幼死者只有6歲，最年長死者爲62歲，未計仍未被確認的個案。另外，全國17省412座城鎮，共有3276人被捕，約四分之三爲男性，當中包括24名包含外國媒體如BBC、NHK的記者，只有417人暫時獲釋。面對如此情景，暫時有786名警員參與不合作運動，當中以欽邦最多。

　　在本書截稿（2021年4月4日）時，曼德勒發生不明原因的大火，有逾80家房屋被燒毀，雖然暫時未有傷亡報告，但造成的損失巨大，使不少人無家可歸。


　　以下死難者名單只列出確認身份或確認死亡地點的個案，尚有不少資料不全或仍在確認中的個案未被列出：


*2021年2-3月：*

共 **3,276** 人被捕

共 **536** 人死亡

分布年齡 **6~62** 歲

| 序號 | 姓名 | 遇難城市 | 遇難日期 | 年齡 | 死因 | 居住省份 |
|---|---|---|---|---|---|---|
| 1 | U Too Aung | 曼德勒 | 8/2/2021 | 43 | 被車撞死，司機肇事逃逸。 | 曼德勒省 |
| 2 | Kyaw Nandar | 曼德勒 | 8/2/2021 | 44 | 夜裡被車撞死，司機肇事逃逸。 | 曼德勒省 |
| 3 | Ko Na Pwar | 曼德勒 | 8/2/2021 | 32 | 夜裡與Kyaw Nandar一同被車撞死，司機肇事逃逸。 | 曼德勒省 |
| 4 | Mg Nay Nay Win Htet | 丹老 | 15/2/2021 | 15 | 擔任社區守護隊夜巡時被打死。 | 德林達依省 |
| 5 | 鄧家希 Ma Mya Thwae Thwae Khaing | 內比都 | 19/2/2021 | 19 | 首起威中死亡個案，在2月9日被實彈射中頭部導致腦死亡，延至19日家人決定拔除呼吸機，宣告死亡。 | 內比都 |
| 6 | Ma Kyi Phyu Oo | 帕安 | 20/2/2021 | 2 | 難民營大火中燒死。 | 克欽邦 |
| 7 | Ma Su Su Naing | 帕安 | 20/2/2021 | 4 | 難民營大火中燒死。 | 克欽邦 |
| 8 | Ko Thet Naing Win | 曼德勒 | 20/2/2021 | 37 | 被射傷腎臟而亡，於2月23日舉行葬禮。 | 曼德勒省 |
| 9 | U Kyi Soe | 曼德勒 | 20/2/2021 | 48 | 因記錄和平示威中的警暴而被打死。 | 曼德勒省 |
| 10 | Ko Hla Myoe Aung | 曼德勒 | 20/2/2021 | 39 | 在Insein Myothit Market被車撞死。 | 曼德勒省 |
| 11 | Mg Wai Yan Tun | 曼德勒 | 20/2/2021 | 16 | 義務急救員，在用手推車嘗試在槍火中搶救傷者時被射中頭部死亡。最後遺言是「我想我不行了。」 | 曼德勒省 |
| 12 | Mg Chan Myae Aung | 仰光 | 20/2/2021 | | 在南Okkalapa一場縱火時嘗試跳過圍欄逃生時被電死。 | 仰光省 |
| 13 | Ko Tin Htut Hein | 仰光 | 20/2/2021 | 30 | 於Shwepyitha擔任社區守護隊夜巡時被路過的警車中的警察開三槍打死。 | 仰光省 |
| 14 | U Myoe Min Tun | 勃固 | 22/2/2021 | 44 | 緬甸鐵路員工，在示威期間暈倒死亡。 | 勃固省 |
| 15 | Ko Yarzar Aung | 曼德勒 | 24/2/2021 | 26 | 於2月20日在曼德勒碼頭被射中膝蓋並逮捕，4日後因失救致死，但軍政府以他是肺炎致死並在沒有家人准許下草草埋葬。 | 曼德勒省 |

| 序號 | 姓名 | 遇難城市 | 遇難日期 | 年齡 | 死因 | 居住省份 |
|---|---|---|---|---|---|---|
| 16 | Ko Ngaw Ngo | 土瓦 | 28/2/2021 | 38 | 來自Pagaw Zun村的他，被射中左下肋骨，在醫院中死亡。 | 德林達依省 |
| 17 | Ko Lwin Lwin Oo | 土瓦 | 28/2/2021 | 33 | 居於Ponkyun，在十字路口的前線被子彈擊穿金屬盾牌射中，於土瓦醫院去世。 | 德林達依省 |
| 18 | Ko Banyar Aung | 土瓦 | 28/2/2021 | 39 | 居於Laung Lone，被槍射中，於土瓦醫院去世。 | 德林達依省 |
| 19 | Ko Than Win | 土瓦 | 28/2/2021 | 36 | 在Zay Taung街及Bagyoke路交界被射中腹部，被警方帶到監獄後失救至死。家人於3月1日於軍方醫院領取遺體。 | 德林達依省 |
| 20 | Ko Nay Myo Oo | 木各具 | 28/2/2021 | 35 | 在車後躲避北上軍隊時，被射中左腿，然後被警察抓著頸部拖走，並向腹部開槍射殺。遺下妻子及兩名分別6歲及2歲大的孩子。 | 馬圭省 |
| 21 | Mg Kyi Hlaing Min | 勃固 | 28/2/2021 | 18 | 德欽薰薰員之曾孫，在勃固橋被射殺，於3月2日下葬。 | 勃召省 |
| 22 | Mg Sithu Soe | 勃固 | 28/2/2021 | 16 | 於勃固橋被射殺，於3月2日下葬。 | 勃固光 |
| 23 | U Maung Maung | 曼德勒 | 28/2/2021 | 41 | 曼德勒山腳高爾夫球場球僮，在騎摩托車經過是被射中頭部而亡，遺下母親、妻子與1歲女兒。 | 曼德勒省 |
| 24 | Ma Daisy | 曼德勒 | 28/2/2021 | 32 | 在行人路路過時被便衣瞄準頭部射殺，遺下6歲大兒子。 | 曼德勒省 |
| 25 | Ko Kyaw Htet Khaung | 曼德勒 | 28/2/2021 | 28 | 摩托車維修店技工，被射中右胸而亡，遺下7歲大的兒子，於3月3日出殯。 | 曼德勒省 |
| 26 | Ko Zin Myo Thu | 毛淡棉 | 28/2/2021 | 21 | 下午5點半於Yandanar Tun倉庫旁被射中頭部而亡。 | 曼德勒省 |

| 序號 | 姓名 | 遇難城市 | 遇難日期 | 年齡 | 死因 | 居住省份 |
|---|---|---|---|---|---|---|
| 27 | Daw Tin Nwae Yee | 仰光 | 28/2/2021 | 59 | 中學老師，於仰光教育部附近因橡膠子彈及催淚彈誘發心臟病而亡。 | 孟邦 |
| 28 | Ko Hein Htut Aung | 仰光 | 28/2/2021 | 23 | 與有三個月身孕的妻子同行，在巴士站附近被射中頸而亡。 | 仰光省 |
| 29 | Ko Zin Lin Htet | 仰光 | 28/2/2021 | 20 | 來自Kyaikto，被子彈穿過自製木盾射中眼而亡。 | 仰光省 |
| 30 | Ko Nyi Nyi Aung Htet Naing | 仰光 | 28/2/2021 | 23 | 西仰光大學緬甸文系學生，被射中腹部而亡。 | 仰光省 |
| 31 | Mg Thiha Zaw | 東敦枝 | 2/3/2021 | 16 | 東敦枝居民，當軍隊從仰光前往東敦枝時，他與其他民眾坐在路邊大喊：「我們不要軍事獨裁。」軍人衝下車毆打了附近正在與放牛玩耍的人，當他嘗試逃走時被射殺。 | 馬圭省 |
| 32 | Mg Zin Myo Aung | 吉靈廟 | 3/3/2021 | 18 | 在3月2日的一場示威，被射中肺部和腿部，次日死亡，死前才剛完成大學入學試。 | 實皆省 |
| 33 | Mg Aung Mylnt Myat | 沙林 | 3/3/2021 | 19 | 2018年以5個優異的成績高中畢業，在馬圭大學就讀土木工程，路過醫院時被射中頭部而亡。 | 馬圭省 |
| 34 | Ma Kyal Sin | 曼德勒 | 3/3/2021 | 19 | 來自雲南，在軍警鎮壓時被射中頭部而亡，在3月4日下葬。 | 曼德勒省 |
| 35 | Ko Myo Naing Lin | 曼德勒 | 3/3/2021 | 39 | 被射中胸部而亡。 | 曼德勒省 |
| 36 | Mg Nay Myo Aung | 曼德勒 | 3/3/2021 | 16 | 孝順供養母親的少年，被射中胸部而亡。 | 曼德勒省 |
| 37 | Ko Zin Ko Ko Zaw | 敏建 | 3/3/2021 | 22 | 射中頭部而亡。 | 曼德勒省 |
| 38 | Ma Kyawt Nandar Aung | 蒙育瓦 | 3/3/2021 | 25 | 蒙育瓦大學電腦科學學生，在軍警鎮壓罷工集會時被射中頭部而亡。 | 實皆省 |
| 39 | U Naing Win | 蒙育瓦 | 3/3/2021 | 45 | | 實皆省 |
| 40 | Ko Chan Thar Swe | 蒙育瓦 | 3/3/2021 | 39 | 來自Salingyi鎮Letpadaung村。 | 實皆省 |

| 序號 | 姓名 | 遇難城市 | 遇難日期 | 年齡 | 死因 | 居住省份 |
|---|---|---|---|---|---|---|
| 41 | Ma Myint Myint Zin | 蒙育瓦 | 3/3/2021 | 36 | 一名老師，被射中胸部而亡。 | 實皆省 |
| 42 | Ko Zaw Thein Aung | 蒙育瓦 | 3/3/2021 | 21 | Food Panda外賣騎士，在示威場合嘗試救一名受傷女士被射中頭部而亡。 | 實皆省 |
| 43 | Mg Min Khant Kyaw | 蒙育瓦 | 3/3/2021 | 17 | 於3月4日下葬。 | 實皆省 |
| 44 | Ko Moe Aung | 蒙育瓦 | 3/3/2021 | 23 | 蒙育瓦大學哲學系大二學生，兼職補習老師，在Phaya Ni佛寺罷工集會中被軍警鎮壓而亡。 | 實皆省 |
| 45 | Ko Wai Yan | 蒙育瓦 | 3/3/2021 | 25 | 於Phaya Ni佛寺罷工集會中被軍警鎮壓而亡，於3月5日下葬。 | 實皆省 |
| 46 | Ko Htet Wai Htoo | 毛淡棉 | 3/3/2021 | 23 | 毛淡棉大學學生，學運領袖及大學舞蹈學會會院，被射中頭部而亡。 | 孟邦 |
| 47 | Ko Arkar Moe | 仰光 | 3/3/2021 | 25 | 來自北Okkalapa鎮。 | 仰光省 |
| 48 | Ko Min Oo | 仰光 | 3/3/2021 | 21 | 在巴士站旁被射中盤骨而亡，遺下妻子，於3月7日出殯。 | 仰光省 |
| 49 | Ko Zwe Htet Soe | 仰光 | 3/3/2021 | 26 | 於北Okkalapa附近被射殺，遺下妻子及一名女兒。 | 仰光省 |
| 50 | Ko Htaat Hco | 仰光 | 3/3/2021 | 26 | 於北Okkalapa被射殺。 | 仰光省 |
| 51 | Kyaw Soe Lin | 仰光 | 3/3/2021 | 20 | 於北Okkalapa被射殺。 | 仰光省 |
| 52 | Mg Htet Aung | 仰光 | 3/3/2021 | 19 | 一名北Okkalapa的供水商，遺下妻子及一名剛出生的兒子，於3月7日出殯。 | 仰光省 |
| 53 | Ko Phoe Chit | 仰光 | 3/3/2021 | 22 | 賣肥料為生，於北Okkalapa被射上頭部而亡，遺下妻子及一名6歲兒子。 | 仰光省 |
| 54 | Ko Yarzar Min | 仰光 | 3/3/2021 | 33 | 於北Okkalapa被射殺。 | 仰光省 |
| 55 | Aung Myint Myat | 仰光 | 3/3/2021 | 30 | 於Hlaing被擊中頭部致死。 | 仰光省 |

| 序號 | 姓名 | 遇難城市 | 遇難日期 | 年齡 | 死因 | 居住省份 |
|---|---|---|---|---|---|---|
| 56 | Khon Maung Phyu | 賓朗 | 4/3/2021 | | 賓朗鎮委員會主席，聯邦選委會委員，被囚禁一個月左右後，於軍方醫院去世。 | 撣邦 |
| 57 | U Tun Maung | 仰光 | 4/3/2021 | 47 | 在北Okkalapa軍警鎮壓時被射中頭部及腿部而亡。 | 仰光省 |
| 58 | Mg Sithu Shein | 仰光 | 4/3/2021 | 18 | 在北Okkalapa試圖救受傷的示威者時被射殺，於凌晨一點去世，並於3月6日下葬。 | 仰光省 |
| 59 | U Htwe Naing | 馬圭 | 5/3/2021 | 53 | 被親政府人士於Kyaungkonegyi殺死。 | 馬圭省 |
| 60 | Mg Nan Wai | 馬圭 | 5/3/2021 | 17 | 被親政府人士於Kyaungkonegyi殺死。 | 馬圭省 |
| 61 | Ko Naing Min Ko | 曼德勒 | 5/3/2021 | 21 | 在3月5日的罷工集會，為避免其他人被捕堵住軍警的道路，因而被捕毆打致死。 | 曼德勒省 |
| 62 | Ko Zaw Myo | 曼德勒 | 5/3/2021 | 27 | 在第49街及111街交界被射中頸部身亡，遺下懷孕中的妻子及5歲大的兒子。 | 曼德勒省 |
| 63 | U Thein Lwin | 木姐 | 7/3/2021 | 43 | 居於中緬邊境城鎮木姐，在3月28日參與了示威，因示威現場有人持有武器引起爭議，警察前來清場時逮捕了他，被捕時並無受傷，但懷疑被酷刑對待致死，在臉上、鼻，以及軀幹皆有傷痕。 | 撣邦 |
| 64 | Ko Aung Myat Lin | 提林 | 7/3/2021 | 23 | 居於提林外的Htanpinkone村，晚上8點時有警察前來逮捕一位知名人士，村民尾隨抗議要求釋放該人士時，警方於10點向村民開火驅散人群，導致他死亡。 | 馬圭省 |

| 序號 | 姓名 | 遇難城市 | 遇難日期 | 年齡 | 死因 | 居住省份 |
|---|---|---|---|---|---|---|
| 65 | U Khin Maung Latt | 仰光 | 7/3/2021 | 58 | 全國民主聯盟仰光Pabedan鎮支部主席，自軍警於夜裡從他的家中帶走後被嚴刑迫供，導致死亡。家人於軍方醫院取回他的遺體。 | 仰光省 |
| 66 | Ko Thiha Oo | 皮亞朋 | 8/3/2021 | 31 | 當軍方於皮亞朋鎮壓示威拘捕市民時，民眾尾隨要求釋放被捕人士，他於軍方開火驅散人群時被擊中腹部而亡，遺下妻子，以及6歲大的女兒和1歲大的兒子。 | 伊洛瓦底省 |
| 67 | Ko Zin Min Htet | 密支那 | 8/3/2021 | 23 | 三兄弟姊妹中最小的一個，當金匠養活母親的前線示威者，於鎮壓時為保護其他示威者而被射中頭部而亡。 | 克欽邦 |
| 68 | U Ko Ko Lay / Muhammad Aminullah | 密支那 | 8/3/2021 | 62 | 一名小學教師，於軍警鎮壓示威時被擊中頭部身亡，葬禮於當日下午5點舉行。 | 克欽邦 |
| 69 | U Zaw Myat Lin | 仰光 | 9/3/2021 | 46 | 職業訓練學校校長，被強行拘捕後死亡，遺下妻子及10歲的兒子。 | 仰光省 |
| 70 | U Win Hlaing | 土瓦 | 11/3/2021 | 51 | 後備消防員，在軍警實彈驅散參與悼念死難與被捕者祈禱會的民眾時死亡。 | 德林達依省 |
| 71 | Ko Zaw Aung Lay | 勃固 | 11/3/2021 | 33 | 聾啞按摩師，在街邊旁觀示威時被射中頭部而亡。 | 勃固省 |
| 72 | Mg Lin Htet | 曼德勒 | 11/3/2021 | 19 | 雅丹納博大學地質系大二學生，早上10時半於軍隊實彈驅散於第90街參與罷工集會的民眾時被射殺，警方很快便進行火葬使家人無法為其舉行葬禮。 | 曼德勒省 |
| 73 | Ko Nyan Win | 曼德勒 | 11/3/2021 | 33 | 曼德勒居民。 | 曼德勒省 |

| 序號 | 姓名 | 遇難城市 | 遇難日期 | 年齡 | 死因 | 居住省份 |
|---|---|---|---|---|---|---|
| 74 | Ko Htoo Aung Kyaw | 敏建 | 11/3/2021 | 24 | 與軍方有緊密聯繫的KBZ銀行員工，3月10日參與罷工示威時被射中眼睛，延至3月11日死亡。 | 曼德勒省 |
| 75 | Ko Thet Zaw Oo | 棉因 | 11/3/2021 | 34 | Htanngetaw村村民，被射中盤骨而亡。 | 馬圭省 |
| 76 | Than Zaw | 棉因 | 11/3/2021 | | Than Myay Kyin村村民。 | 馬圭省 |
| 77 | Thike Soe | 棉因 | 11/3/2021 | | Bawdon村村民。 | 馬圭省 |
| 78 | Tike Paw | 棉因 | 11/3/2021 | | Zatikanpoo村村民，被射中頭部而亡。 | 馬圭省 |
| 79 | Ko Aung Kyaw Sint | 棉因 | 11/3/2021 | 21 | Wat Kyone 1村村民，被射中胸部而亡。 | 馬圭省 |
| 80 | Mg Kyi Phyoe Wai | 棉因 | 11/3/2021 | 19 | Kyat Mauk村村民。 | 馬圭省 |
| 81 | Ko Aung San Oo | 蒙育瓦 | 11/3/2021 | 38 | 3月3日在Pyihtaungsu路的鎮壓中被子彈穿過手臂擊斷肋骨傷及肺部，3月11日早上6時45分於曼德勒總醫院治療無效死亡。 | 實皆省 |
| 82 | Ko Chit Min Thu | 仰光 | 11/3/2021 | 25 | 使用自製盾牌保護其他人的前線示威者，和平示威時被軍方的子彈擊穿盾牌射中頭部而亡。前往示威前，曾對懷有兩個月身孕的妻子與孩子説：「對不起，親愛的。如果我及其他人今天不行動的話，我們的國家就永遠不會有民主。」 | 仰光省 |
| 83 | U Zaw Min Tun | 仰光 | 12/3/2021 | 42 | 夜間於Mya Thidar擔任社區巡守員時被射中，被軍隊帶走再於路上射殺。 | 仰光省 |
| 84 | U Kyaw Zin Latt | 仰光 | 12/3/2021 | 41 | 一名司機，夜間於Mya Thidar擔任社區巡守員時被實彈擊中右胸而亡。 | 仰光省 |
| 85 | Ko Zaw Zaw Moe | 仰光 | 12/3/2021 | 36 | 於3月3日北Okkalapa示威時被鎮壓的軍隊擊中盤骨，延至3月12日早上4時於醫院死亡，遺下妻子及一名女兒。 | 仰光省 |

| 序號 | 姓名 | 遇難城市 | 遇難日期 | 年齡 | 死因 | 居住省份 |
|---|---|---|---|---|---|---|
| 86 | U Win Phyoe Aung | 稍埠 | 13/3/2021 | 42 | 於12時半軍方以催淚彈及實彈鎮壓仍未開始的稍埠示威時被射殺。 | 馬圭省 |
| 87 | Ko Tun Lin Aung | 端迪 | 13/3/2021 | 22 | 被射中頭部致死，遺下妻子及一名孩子。 | 仰光省 |
| 88 | Ko Hla Min Thu | 端迪 | 13/3/2021 | 25 | Shansu居民，遺體被軍方帶走，遺下妻子及一名女兒。 | 仰光省 |
| 89 | Ko Han Min Tun | 端迪 | 13/3/2021 | 24 | 於OeBo居住，遺體被軍方帶走，遺下妻子及三個月大的孩子。 | 仰光省 |
| 90 | Ko Aung Paing | 端迪 | 13/3/2021 | 35 | 於OeBo居住，遺下四至五名孩子。 | 仰光省 |
| 91 | Mg Htet Myat Aung | 卑謬 | 13/3/2021 | 19 | 緬甸海事大學大一學生，於卑謬的示威時被擊中盤骨並穿透腹部而亡。 | 勃固省 |
| 92 | Mg Phyo Wai Yan Kyaw | 卑謬 | 13/3/2021 | 19 | 在軍方醫院認屍時，由於臉部嚴重損毀，連家人也認不出，要其他朋友確認身份才帶走遺體。 | 勃固省 |
| 93 | Daw Kay Thi | 曼德勒 | 13/3/2021 | 53 | 被擊中頭部而亡。 | 曼德勒省 |
| 94 | Ko Saw Pyae Naing | 曼德勒 | 13/3/2021 | 21 | 四名兄弟姊妹中的長子，在全緬甸學生聯盟的示威時擔當防衛隊成員，於Sein Pann Ward被射中腹部而亡。 | 曼德勒省 |
| 95 | Ko Saw Yan Naing | 曼德勒 | 13/3/2021 | 37 | | 曼德勒省 |
| 96 | Daw Pyone Pyone | 曼德勒 | 13/3/2021 | 50 | 當她收留年輕示威者於家中時被射中頭部而亡，軍方強行從救護車上帶走她的遺體。 | 曼德勒省 |
| 97 | Ko Min Min Tun | 曼德勒 | 13/3/2021 | 35 | 居於Pyigyi西部，在Sein Pann罷工集會中身亡。 | 曼德勒省 |
| 98 | Ko Myo Thant Soe | 曼德勒 | 13/3/2021 | 22 | 被射中眼睛，於軍方醫院去世。 | 曼德勒省 |

| 序號 | 姓名 | 遇難城市 | 遇難日期 | 年齡 | 死因 | 居住省份 |
|------|------|----------|----------|------|------|----------|
| 99 | Ko Ye Swe Oo | 曼德勒 | 13/3/2021 | 29 | 於製鞋業工作，為了拯救於Sein Pann Ward被困人士，被軍隊從後擊中心臟，遺下妻子及六歲大的女兒。 | 曼德勒省 |
| 100 | U Win Htay | 曼德勒 | 13/3/2021 | 56 | 在Sein Pann的示威中被射中胸部而亡，於3月14日出殯，遺下妻子、一子一女，和兩名孫子。 | 曼德勒省 |
| 101 | Ko Si Thu | 仰光 | 13/3/2021 | 37 | 一名三輪車司機。在Thaketa三名年輕人被毆打並帶到警署時，民眾要求釋放年輕人，於是軍方以實彈驅散示威者，導致他與另一名三輪車司機被擊中頭部而亡。警方要求解剖，使得家人擔心被在翌日出殯。 | 仰光省 |
| 102 | Ko Htoo Mon Naing | 仰光 | 13/3/2021 | 31 | 在2月28日為拯救一名受傷的前線示威者時被射中頭部，於3月13日晚9時45分過世。 | 仰光省 |
| 103 | Mg Aung Paing Oo | 仰光 | 13/3/2021 | 19 | 在一家影印店工作養家，於凌晨一點當軍方於Hlaing鎮逮捕國會議員Daw Khaing Mar Htay時民眾包圍軍方，於是軍方以實彈驅散民眾，導致他被射中頭部，送院後不治。 | 仰光省 |
| 104 | U Aung Aung Zaw | 仰光 | 13/3/2021 | 41 | 一名三輪車司機。在Thaketa三名年輕人被毆打並帶到警署時，民眾要求釋放年輕人，於是軍方以實彈驅散示威者，導致他與另一名三輪車司機被擊中頭部而亡。警方要求解剖，使得家人擔心被在翌日出殯。 | 仰光省 |
| 105 | Ko Min Thet Htike | 勃生 | 14/3/2021 | 39 | 在燭光晚會中被射殺。 | 伊洛瓦底省 |

| 序號 | 姓名 | 遇難城市 | 遇難日期 | 年齡 | 死因 | 居住省份 |
|---|---|---|---|---|---|---|
| 106 | Mg Hein Htet Aung | 勃生 | 14/3/2021 | 17 | 在燭光晚會中被射殺。 | 伊洛瓦底省 |
| 107 | Ma Sandi Mar | 勃固 | 14/3/2021 | 38 | 一名印裔洗衣工,在回家時被射中頸部而亡,遺體被拋到溝渠,遺下三名孩子。 | 勃固省 |
| 108 | Ma Tin Tin Win | 勃固 | 14/3/2021 | 36 | | 勃固省 |
| 109 | Ko Htet Naing Shein | 勃固 | 14/3/2021 | 21 | 農業科學系畢業生,在武力鎮壓中被射中左胸而亡。 | 勃固省 |
| 110 | 無名 | 勃固 | 14/3/2021 | | 在Gaung Say島上被軍人從後射中頭部而亡,遺體被拋屍溝渠並被垃圾覆蓋。 | 勃固省 |
| 111 | Ko Kyaw Lin Htike | 帕敢 | 14/3/2021 | 30 | 在政府技術學院畢業的前線示威者,在檳榔店前被射穿右臂擊中胸部而亡,遺體被保存在Shan Ni Taingyintha的辦公室保存。 | 克欽邦 |
| 112 | Ma Cherry Win | 曼德勒 | 14/3/2021 | 24 | | 曼德勒省 |
| 113 | Mg Min Min Oo | 曼德勒 | 14/3/2021 | 17 | 在3月14日被射中左腿逮捕,家人無法得知他的去向,一直到3月16日才得知他於七號警署中死亡。警察在沒有家人的允許下擅自破壞他的身體,只以一張相來證明他的死亡而不讓家人看他最後一面或領回遺體,連相片都不能複印。家人只得在如此情況下於3月21日早上10時舉行葬禮。 | 曼德勒省 |
| 114 | Ko Kyaw Kyaw Win | 仰光 | 14/3/2021 | 37 | 在他示威過後回家時,他收留一些逃避軍方槍火的學生到他家中,在嘗試幫助一名絆倒的學生時,被子彈從口部貫穿整個頭顱而亡,遺下妻子和一名兒子。 | 仰光省 |

| 序號 | 姓名 | 遇難城市 | 遇難日期 | 年齡 | 死因 | 居住省份 |
|------|------|---------|---------|------|------|---------|
| 115 | Mg Kyaw Zayar Tun | 仰光 | 14/3/2021 | 17 | 一名馬匹運載貨車司機，被射中眼與腿部。 | 仰光省 |
| 116 | Kyaw Zayar Linn | 仰光 | 14/3/2021 | | 於Hlaingthaya被殺。 | 仰光省 |
| 117 | Ko Kyaw Htoo | 仰光 | 14/3/2021 | 30 | 於Hlaingthaya被殺。 | 仰光省 |
| 118 | Ko Kyaw Min Khaing | 仰光 | 14/3/2021 | 32 | 於Thingangyun被殺。 | 仰光省 |
| 119 | Ko Kyaw Ye Aung | 仰光 | 14/3/2021 | 23 | 一名建築工人，鄰里守望隊隊員及社運人士，於晚間示威時被擊中頭部而亡，遺下三歲兒子及五歲女兒。 | 仰光省 |
| 120 | Ko Kyaw Lin Wai | 仰光 | 14/3/2021 | 23 | 於南達貢被殺。 | 仰光省 |
| 121 | Ko Kyaw Win Ko | 仰光 | 14/3/2021 | 28 | 在南Dagon的夜間示威時被擊中頭部而亡。 | 仰光省 |
| 122 | Mg Kyal Sin Heln | 仰光 | 14/3/2021 | 16 | 一名初中三年級生，在白橋罷工集會時，於前線以盾抵擋射擊時被射中頭部而亡。由於場面惡劣，家人無法帶他的遺體走，只得把遺體留在沙包路障旁。他的遺體於是被軍方帶走而不能取回，家人連葬禮也舉行不了，只有一個染血的背包作遺物。 | 仰光省 |
| 123 | Mg Kaung Khant | 仰光 | 14/3/2021 | 19 | 於Hlaingthaya被殺。 | 仰光省 |
| 124 | Ko Kaung Pyae Kyaw | 仰光 | 14/3/2021 | 21 | 在Hlaing鎮的鎮壓時為搶救受傷的社運人士，被射中頭部而亡。 | 仰光省 |
| 125 | Ko Kaung Pyae Sone | 仰光 | 14/3/2021 | 20 | 一名疫情防疫義工，於Nwe Thar Gi被射殺。 | 仰光省 |
| 126 | Mg Khant Nyar Hein | 仰光 | 14/3/2021 | 18 | 仰光第一醫科大學大一學生，於Tamwe警署被射中胸部，被軍方拖走時因失救致死。 | 仰光省 |
| 127 | Ko Chan Chan | 仰光 | 14/3/2021 | 30 | 於Hlaingthaya被殺。 | 仰光省 |
| 128 | Ko Chan Myae Lwin | 仰光 | 14/3/2021 | 35 | 於Hlaingthaya被殺。 | 仰光省 |
| 129 | Ko San Htay Aung | 仰光 | 14/3/2021 | 29 | 於北Okkalapa被殺。 | 仰光省 |
| 130 | Mg Sa Wai Yan Lin | 仰光 | 14/3/2021 | 17 | 於Tatarphyu橋被射殺。 | 仰光省 |

| 序號 | 姓名 | 遇難城市 | 遇難日期 | 年齡 | 死因 | 居住省份 |
|---|---|---|---|---|---|---|
| 131 | Ko Sai Ko Ko Lwin | 仰光 | 14/3/2021 | 29 | 於Hlaingthaya被殺。 | 仰光省 |
| 132 | Ko Sai Sithu @ Ko Shan Gyi | 仰光 | 14/3/2021 | 31 | 於Hlaingthaya被殺。 | 仰光省 |
| 133 | Ko Soe Htay Aung | 仰光 | 14/3/2021 | 24 | 於Hlaingthaya被殺。 | 仰光省 |
| 134 | Ko Saw Pyae Sone | 仰光 | 14/3/2021 | 21 | 黃昏於第一基本教育高中附近被射殺，第二天早上遺體才被發現。 | 仰光省 |
| 135 | Ma Zue Wint War | 仰光 | 14/3/2021 | 15 | 在Ayer Wun街附近被射殺。 | 仰光省 |
| 136 | Ko Zaw Zaw Htway | 仰光 | 14/3/2021 | 21 | 沒有母親，辛勤供養父親，在第一基本教育高中前被射殺。 | 仰光省 |
| 137 | Zaw Than | 仰光 | 14/3/2021 | | 於Hlaingthaya被殺。 | 仰光省 |
| 138 | Tin Aung Win | 仰光 | 14/3/2021 | | 於Hlaingthaya被殺。 | 仰光省 |
| 139 | Ko Htet Ko | 仰光 | 14/3/2021 | 21 | 於Shwepyitha被殺。 | 仰光省 |
| 140 | Tun Win Han | 仰光 | 14/3/2021 | | 於Hlaingthaya被殺。 | 仰光省 |
| 141 | Ko Naing Ye Kyaw | 仰光 | 14/3/2021 | 28 | 於北達貢被殺。 | 仰光省 |
| 142 | Ko Nay Min Tun | 仰光 | 14/3/2021 | 20 | 於Thingangyun被殺。 | 仰光省 |
| 143 | Ko Nay Lin Htet | 仰光 | 14/3/2021 | 29 | 於南達貢被殺。 | 仰光省 |
| 144 | Mg Phyo Ko Ko | 仰光 | 14/3/2021 | 19 | 於Hlaingthaya鎮的罷工集會中被軍方射殺。 | 仰光省 |
| 145 | Ko Phyoe Zaw Lin | 仰光 | 14/3/2021 | 35 | 來自馬圭省沙林，被射中左胸而亡。 | 仰光省 |
| 146 | U Phoe Thet | 仰光 | 14/3/2021 | 50 | 為拯救傷者，他拿起別人的盾牌衝過去搶救，但被射中，於下午二時死亡，遺下妻子及六名孩子以賣檳榔為生，葬禮於3月20日舉行。 | 仰光省 |
| 147 | Ko Ba Khat | 仰光 | 14/3/2021 | 33 | 於Hlaingthaya被殺。 | 仰光省 |
| 148 | Ko Bo Bo | 仰光 | 14/3/2021 | 39 | 於南達貢被殺。 | 仰光省 |
| 149 | Mg Min Khant Soe | 仰光 | 14/3/2021 | 19 | 於南Okkalapa被殺。 | 仰光省 |
| 150 | Ko Min Min Htet | 仰光 | 14/3/2021 | 38 | 於南達貢被殺。 | 仰光省 |
| 151 | Mg Min Wai Yan Mauk | 仰光 | 14/3/2021 | 19 | 在Kyimyindaing身亡。 | 仰光省 |
| 152 | Ko Myo Kyaw | 仰光 | 14/3/2021 | 38 | 於Hlaingthaya被殺。 | 仰光省 |
| 153 | Myoe Gyi | 仰光 | 14/3/2021 | | 居於Parame Malarmyaing第五街 | 仰光省 |

| 序號 | 姓名 | 遇難城市 | 遇難日期 | 年齡 | 死因 | 居住省份 |
|---|---|---|---|---|---|---|
| 154 | Ko Mya Htay | 仰光 | 14/3/2021 | 39 | 於Hlaingthaya被殺。 | 仰光省 |
| 155 | Yin Htwe | 仰光 | 14/3/2021 | | 於Hlaingthaya被殺。 | 仰光省 |
| 156 | Ko Yan Naing Tun | 仰光 | 14/3/2021 | 26 | 於Hlaingthaya被殺。 | 仰光省 |
| 157 | Ko Yan Paing | 仰光 | 14/3/2021 | 32 | 於Hlaingthaya被殺。 | 仰光省 |
| 158 | Ko Ye Koko | 仰光 | 14/3/2021 | 23 | 於Hlaingthaya被殺。 | 仰光省 |
| 159 | Ko Ye Htut | 仰光 | 14/3/2021 | 30 | 於Hlaingthaya被殺。 | 仰光省 |
| 160 | Ko Ye Myo Htut | 仰光 | 14/3/2021 | 38 | 於南達貢被殺。 | 仰光省 |
| 161 | U Lin Lin Kyaw | 仰光 | 14/3/2021 | 42 | 達貢大學學生會理事，為了救助傷者被軍方於Thingangyon射殺。 | 仰光省 |
| 162 | Ko Lin Aung | 仰光 | 14/3/2021 | 32 | 於Hlaingthaya被殺。 | 仰光省 |
| 163 | Ko Hla Min Oo | 仰光 | 14/3/2021 | 24 | 於Thingangyun被殺。 | 仰光省 |
| 164 | Mg Hlaing Jet Maung | 仰光 | 14/3/2021 | 17 | 前線示威者，在第一基本教育高中前被射殺。 | 仰光省 |
| 165 | Ko Hlaing Win Aung | 仰光 | 14/3/2021 | 35 | 於Hlaingthaya被殺。 | 仰光省 |
| 166 | Win Shwe | 仰光 | 14/3/2021 | | 於Hlalngthaya被殺。 | 仰光省 |
| 167 | Mg Wunna Kyaw | 仰光 | 14/3/2021 | 19 | 於Hlalngthaya被殺。 | 仰光省 |
| 168 | Ko Wunna Htay | 仰光 | 14/3/2021 | 35 | 在Ywar Ma警署被射殺，於救護車送院途中不治。 | 仰光省 |
| 169 | Ko Wai Phyo | 仰光 | 14/3/2021 | 22 | 於Hlaingthaya被殺。 | 仰光省 |
| 170 | Ko Wai Phyo Aung | 仰光 | 14/3/2021 | 30 | 於Hlaingthaya被殺。 | 仰光省 |
| 171 | Thet Wai Naing | 仰光 | 14/3/2021 | | 被軍方於Inseln鎮射殺，遺體被拋進Pan Hlaing。 | 仰光省 |
| 172 | Mg Thant Zin Oo | 仰光 | 14/3/2021 | 17 | 於Hlaingthaya被殺。 | 仰光省 |
| 173 | Than Zaw | 仰光 | 14/3/2021 | | 於Hlaingthaya被殺。 | 仰光省 |
| 174 | Ko Than Toe Aung | 仰光 | 14/3/2021 | 20 | 於Hlaingthaya被殺。 | 仰光省 |
| 175 | U Than Lwin | 仰光 | 14/3/2021 | 57 | 於Hlaingthaya被殺。 | 仰光省 |
| 176 | Thein Soe | 仰光 | 14/3/2021 | | 於Hlaingthaya被殺。 | 仰光省 |
| 177 | Ko Thein Zaw | 仰光 | 14/3/2021 | 23 | 來自A Nyar村的前線示威者，於Hlaing Thar Yar被射殺。 | 仰光省 |
| 178 | U Thein Tun | 仰光 | 14/3/2021 | 49 | 於Hlaingthaya被殺。 | 仰光省 |
| 179 | Ko Thiha Koko Naing | 仰光 | 14/3/2021 | 23 | 於Hlaingthaya被殺。 | 仰光省 |
| 180 | Ko Han Htet Aung | 仰光 | 14/3/2021 | 22 | 達貢大學遙距緬文系大三生，在北Okkalapa被殺。 | 仰光省 |

| 序號 | 姓名 | 遇難城市 | 遇難日期 | 年齡 | 死因 | 居住省份 |
|---|---|---|---|---|---|---|
| 181 | Ko Hein Soe | 仰光 | 14/3/2021 | 22 | 於南達貢被殺。 | 仰光省 |
| 182 | Ko Hein Htet Dway | 仰光 | 14/3/2021 | 24 | 於Thingangyun被殺。 | 仰光省 |
| 183 | Ko Aye Min | 仰光 | 14/3/2021 | 23 | 於Hlaingthaya被殺。 | 仰光省 |
| 184 | U Aung Kyaw Htoo | 仰光 | 14/3/2021 | 41 | 於Hlaingthaya被殺。 | 仰光省 |
| 185 | Ko Aung Kaung Moe | 仰光 | 14/3/2021 | 23 | 達貢大學遙距緬文系學生，CB銀行員工，於北達貢被射殺。 | 仰光省 |
| 186 | Aung Naing Win | 仰光 | 14/3/2021 | | 於Hlaingthaya被殺。 | 仰光省 |
| 187 | Ko Aung Myint | 仰光 | 14/3/2021 | 37 | 於Hlaingthaya被殺。 | 仰光省 |
| 188 | Kaung Pyi Hcon | 仰光 | 14/3/2021 | 20 | 於北Okkalapa被殺。 | 仰光省 |
| 189 | Ko Kyaw Khin | 昂蘭 | 14/3/2021 | 35 | 在Shwe Pyoun Pyoun佛塔前被射中心臟而亡。 | 馬圭省 |
| 190 | Ko Kyaw Thu Win | 勃固 | 15/3/2021 | 30 | 於Kyo Kout Pin被殺。 | 勃固省 |
| 191 | Mg Thura Kyaw | 勃固 | 15/3/2021 | 18 | | 勃固省 |
| 192 | Ko Thura Naing | 勃固 | 15/3/2021 | 21 | | 勃固省 |
| 193 | U Kalar | 曼德勒 | 15/3/2021 | 40 | 於Thapate Kyin被殺。 | 曼德勒省 |
| 194 | Ko Kaung Myat Hein | 曼德勒 | 15/3/2021 | 30 | 3月13日被擊傷，3月15日不治。 | 曼德勒省 |
| 195 | Ko Paing Zay Aung | 曼德勒 | 15/3/2021 | 20 | 在第56街設置沙包時聽到槍聲，嘗試躲避時被圍欄刺穿手臂，因傷口缺乏護理致死。 | 曼德勒省 |
| 196 | U Myo Myint | 曼德勒 | 15/3/2021 | 50 | 於Thapate Kyin被殺。 | 曼德勒省 |
| 197 | Ko Mya Mhway | 曼德勒 | 15/3/2021 | 26 | 於Chan Mya Thar Si被殺。 | 曼德勒省 |
| 198 | Ko Wai Phyo Thein | 曼德勒 | 15/3/2021 | 39 | 於Chan Mya Thar Si被殺。 | 曼德勒省 |
| 199 | Ko Thet Naing Aung / Mohhamad Jonite | 曼德勒 | 15/3/2021 | 21 | 3月13日被擊傷，3月15日不治。 | 曼德勒省 |
| 200 | Ko Than Htike Oo | 曼德勒 | 15/3/2021 | 26 | 於Chan Mya Thar Si被殺。 | 曼德勒省 |
| 201 | Ma Thidar Aye | 曼德勒 | 15/3/2021 | 15 | 於Thapate Kyin被殺。 | 曼德勒省 |
| 202 | Ko Ye Myo Aung | 曼德勒 | 15/3/2021 | 29 | 於Thapate Kyin被殺。 | 曼德勒省 |
| 203 | U Zaw Min | 曼德勒 | 15/3/2021 | 50 | 於Thapate Kyin被殺。 | 曼德勒省 |

| 序號 | 姓名 | 遇難城市 | 遇難日期 | 年齡 | 死因 | 居住省份 |
|---|---|---|---|---|---|---|
| 204 | Mg Tin Tun Aung | 敏建 | 15/3/2021 | 19 | 在敏建一場鎮壓中，被射中頭部並在磚牆被打死。 | 曼德勒省 |
| 205 | Ma Pan Myat Chel | 敏建 | 15/3/2021 | 20 | | 曼德勒省 |
| 206 | Mg Yan Myo Aung | 敏建 | 15/3/2021 | 18 | | 曼德勒省 |
| 207 | U Hla Soe | 敏建 | 15/3/2021 | 54 | | 曼德勒省 |
| 208 | Ko Aung Kyaw Zaw | 敏建 | 15/3/2021 | 29 | 被槍殺而亡。 | 曼德勒省 |
| 209 | Mg Aung Myo Zaw | 敏建 | 15/3/2021 | 17 | | 曼德勒省 |
| 210 | U Maung Zaw | 蒙育瓦 | 15/3/2021 | 40 | | 實皆省 |
| 211 | Ko Kyaw Kyaw Aung | 仰光 | 15/3/2021 | 29 | 於Dawbon被殺。 | 仰光省 |
| 212 | Mg Khant Aung Phyo | 仰光 | 15/3/2021 | 19 | 在Ponnami街被射中頭部而亡。 | 仰光省 |
| 213 | Ko Chit Ko Ko Phyo | 仰光 | 15/3/2021 | 25 | 以盾牌保護其他人時被射中頭與手臂而亡。 | 仰光省 |
| 214 | Ko Nanda Phyo Aung | 仰光 | 15/3/2021 | 22 | 大學歷史系遠程教育大一生，在3月14日晚於Ponnami街旁被射中腰部，延自凌晨3時不治。他姨姨因他失蹤報警後，發現他的遺體在San Pya醫院。 | 仰光省 |
| 215 | Ko Wunna Aung | 仰光 | 15/3/2021 | 26 | 於3月14日在Mawata交界被射中腹部，3月15日早上身亡，遺下妻子和三歲兒子。 | 仰光省 |
| 216 | Ko Aung Phyo Htet | 仰光 | 15/3/2021 | 29 | 於Ponnami街被射中頭部而亡。 | 仰光省 |
| 217 | U Tun Tun Oo | 仰光 | 15/3/2021 | 59 | 於垃圾桶收集膠樽時被射中頭部而亡。 | 仰光省 |
| 218 | U Tun Tun Naing | 仰光 | 15/3/2021 | 43 | 於Hlaingthaya被殺。 | 仰光省 |
| 219 | U Kyaw Thiha Aye | 仰光 | 15/3/2021 | 41 | 於Thingangyin被殺。 | 仰光省 |
| 220 | Aung Myit Myat | 仰光 | 15/3/2021 | | 以自己的車嘗試為其他示威者提供掩護時，被軍方射中心臟而亡，遺下妻子和三歲女兒。 | 仰光省 |
| 221 | Ko Kyaw Khin / Mohamad Youssef | 昂蘭 | 15/3/2021 | 30 | 於昂蘭被殺。 | 馬圭省 |

| 序號 | 姓名 | 遇難城市 | 遇難日期 | 年齡 | 死因 | 居住省份 |
|---|---|---|---|---|---|---|
| 222 | Ko Min Min Htay | 昂蘭 | 15/3/2021 | 21 | 於昂蘭被殺。 | 馬圭省 |
| 223 | U Kyaw Min Tun | 高林 | 16/3/2021 | 41 | 民眾發現軍隊鎮壓時被射殺。 | 實皆省 |
| 224 | U Kyaw Khine | 羌烏 | 16/3/2021 | 42 | | 實皆省 |
| 225 | U Zaw Min Oo | 曼德勒 | 16/3/2021 | 42 | 一名前線示威者，於3月15日被射中頭部而亡，遺下八歲兒子及十二歲女兒被送到孤兒院。 | 曼德勒省 |
| 226 | 無名 | 曼德勒 | 16/3/2021 | | 作為夜間示威的領導，於第9街及第86街交界被軍隊射殺，遺體被帶走。 | 曼德勒省 |
| 227 | 無名 | 曼德勒 | 16/3/2021 | 12 | 在Wundwin被射中頭部而亡。 | 曼德勒省 |
| 228 | Ko Thaut Tun | 毛淡棉 | 16/3/2021 | 21 | 於2月28日毛淡棉示威時被射中頸部而亡，延自3月16日中午於國防部骨外科醫院不治，遺體被送回家並安葬。 | 孟邦 |
| 229 | U San Win Hlaing | 仰光 | 16/3/2021 | 44 | 在包圍北達貢警署時，被射中胸部而亡，遺下三歲兒子。有說他是為救另一人而亡，但該人到了3月16日同樣去世。 | 仰光省 |
| 230 | Ko Sithu Aung | 仰光 | 16/3/2021 | 23 | 在南達貢被射中頭部而亡。 | 仰光省 |
| 231 | Daw Mya Win | 仰光 | 16/3/2021 | 70 | 於Hlaing Thar Yar被殺。 | 仰光省 |
| 232 | U Tun Win Kyaw | 仰光 | 16/3/2021 | 53 | 於南達貢被殺。 | 仰光省 |
| 233 | Ko Aung Min Tun | 仰光 | 16/3/2021 | 31 | 於3月14日在北達貢被射傷，並在3月16日去世，並於3月17日下葬，遺下不只妻子及三名孩子，還留下五名父母雙亡的侄子侄女。 | 仰光省 |
| 234 | Ko Cin Khan Mang | 吉靈廟 | 17/3/2021 | 28 | 在Tahan鎮被射中頭部而亡，遺下3名兒子。 | 實皆省 |
| 235 | U Kyaw Myint Win | 吉靈廟 | 17/3/2021 | 42 | 在Bogyoke街被射殺，遺下妻子與一名女兒。 | 實皆省 |
| 236 | Ko Salai Cung Lian Ceu | 吉靈廟 | 17/3/2021 | 25 | 一名欽族人，在示威中被射殺。 | 實皆省 |

| 序號 | 姓名 | 遇難城市 | 遇難日期 | 年齡 | 死因 | 居住省份 |
|---|---|---|---|---|---|---|
| 237 | Ko Tg. Do Suan Kim Kum | 吉靈廟 | 17/3/2021 | 20 | 與兄弟一同擔任前線示威者，在AG教堂前的鎮壓中被射殺，子彈穿過盾牌擊中他，遺頭只能留在街上，他兄弟未能取回遺體。 | 實皆省 |
| 238 | Mg Htut Myat Linn | 比基達貢 | 17/3/2021 | 17 | 一名初中二年級生，為兄弟姊妹前往花園送完東西回家時，被一名軍人截停他的摩托車射殺，送院途中不治。 | 勃固省 |
| 239 | Ko Gwan Kyi | 丹老 | 17/3/2021 | 37 | 於3月15日被射傷，延至3月17日不治。 | 德林達依省 |
| 240 | U Zaw Htet | 仰光 | 17/3/2021 | 42 | 在3月16日被射中，於3月17日早上被射殺。 | 仰光省 |
| 241 | Ko Phyo Kyaw Thu / Muhammad Swalay | 仰光 | 17/3/2021 | 28 | 於3月16日的夜間示威時，被前來移走路障的軍隊射中腹部，延至3月17日不治，於遜尼派穆斯林墳場下葬。 | 仰光省 |
| 242 | Ko Phay Thein Kyaw | 仰光 | 17/3/2021 | 34 | 教師之子，一名笑話能手，於Hlaing車站路前被射殺。 | 仰光省 |
| 243 | Ko Aye Kyaw | 仰光 | 17/3/2021 | 30 | 當騎單車賣金子是被軍人射中腹部下而亡，軍人不只帶走遺體，還搶走了金子。 | 仰光省 |
| 244 | Ko Thiha Phyo | 曼德勒 | 18/3/2921 | 23 | 晚上9時半被Dawnabwar Ward被軍方射殺而亡。 | 曼德勒省 |
| 245 | Ko Tun Htet Aung | 蒙育瓦 | 18/3/2921 | 24 | 第一名去世的不合作運動公務員及蒙育瓦第十一名去世的人，是一名林業局職員。在3月15日，他在商店前被捕，然後被毆打而未有好好處理傷口。獲釋後，他因傷重被送到醫院，並於3月18日傷重不治。 | 實皆省 |
| 246 | Ma Aye Aye Khine | 仰光 | 18/3/2921 | 22 | 於6時半被射中腹部而亡。 | 仰光省 |

| 序號 | 姓名 | 遇難城市 | 遇難日期 | 年齡 | 死因 | 居住省份 |
|---|---|---|---|---|---|---|
| 247 | Ko Zaw Aung | 榜鎮 | 19/3/2021 | 36 | | 孟邦 |
| 248 | Ko Soe Thu | 曼德勒 | 19/3/2021 | 31 | 於Maha Aung Myay被殺。 | 曼德勒省 |
| 249 | Ko Aung Ko Ko Khant | 敏建 | 19/3/2021 | 27 | 在3月15日的示威中被射中臉部，延至3月19日於醫院傷重不治。 | 曼德勒省 |
| 250 | Ko Naing Lin Aung | 抹谷 | 19/3/2021 | 30 | 抹谷紅十字會義工，於晚上11點被射中頭部而亡，於3月20日下葬。 | 曼德勒省 |
| 251 | Ko Myo Lay | 仰光 | 19/3/2021 | 20 | 於南達貢被殺。 | 仰光省 |
| 252 | U Aung Myint | 仰光 | 19/3/2021 | 52 | 於3月16日在自家門前被射中右腿，子彈破壞了大部分內臟。醫生進行了緊急手術，但因高血壓及糖尿病而出血過多及腎功能受損而亡。 | 仰光省 |
| 253 | U Shan Pu | 疊固 | 19/3/2021 | 46 | 疊固慈善組織成員，在軍隊實彈鎮壓時被實彈擊中盤骨，送院後不治。 | |
| 254 | Naing Soe | 昂班 | 19/3/2021 | | | 克耶邦 |
| 255 | Ye Thu Aung | 昂班 | 19/3/2021 | | | 撣邦 |
| 256 | Ko Kyaw Thu Win | 昂班 | 19/3/2021 | 36 | | 撣邦 |
| 257 | Chan Lay | 昂班 | 19/3/2021 | | | 撣邦 |
| 258 | U Zaw Myat Ko | 昂班 | 19/3/2021 | 41 | | 撣邦 |
| 259 | Ko Min Htet Naing | 昂班 | 19/3/2021 | 22 | 前線示威者。 | 撣邦 |
| 260 | Ko Myat Soe | 昂班 | 19/3/2021 | 24 | | 撣邦 |
| 261 | Ye Htet | 昂班 | 19/3/2021 | | | 撣邦 |
| 262 | Ma Marlar Win | 木各具 | 20/3/2021 | 39 | 三子之母，在軍方鎮壓夜間示威時，她苦苦哀求下仍與6-8人被捕，家人在3月20日早上才領回她的遺體。 | 馬圭省 |
| 263 | U Khon Kyaw Swar Lin | 仰光 | 20/3/2021 | 41 | 於早上十時下葬。 | 仰光省 |
| 264 | Ko Myo Myint Aung | 仰光 | 20/3/2021 | 27 | 一名工程師，於3月19日晚被捕，在3月20日早上家人被告知領回他的遺體。 | 仰光省 |

| 序號 | 姓名 | 遇難城市 | 遇難日期 | 年齡 | 死因 | 居住省份 |
|---|---|---|---|---|---|---|
| 265 | Ko Thet Paing Soe | 仰光 | 20/3/2021 | 28 | 居於軍營的軍人之子，因深知政變不義而在外租屋並與Kyauk Myaung組織的朋友每天在防線前示威，在下午一點無防具之下視察街上狀況時被狙擊手射殺。 | 仰光省 |
| 266 | Mg Aung Kaung Htet | 仰光 | 20/3/2021 | 15 | 初中三年級生，在黃昏的示威後回家時，被鎮壓的子彈射殺。 | 仰光省 |
| 267 | Chit Koko Zaw | 曼德勒 | 21/3/2021 | | 於3月21日在沒防具的情形下上前線救其他示威者時，被射中腹部，並於3月22日身亡。他被標為患上肺炎，而在未得家人同意下埋葬，遺下妻子和五歲女兒。 | 曼德勒省 |
| 268 | Ko Phyo Wai Tun | 曼德勒 | 21/3/2021 | 26 | 於Pyigyidagun鎮被子彈左右貫穿腰部而當場死亡。 | 曼德勒省 |
| 269 | U Tok Gyi | 曼德勒 | 21/3/2021 | 53 | 平日製作乾果為生，被軍隊命令清除沙包路障時，因鄰居反抗命令，而被實彈射殺。 | 曼德勒省 |
| 270 | Ko Min Thu Aung | 曼德勒 | 21/3/2021 | 39 | 在11時半於Thin Pan Kone Ward被射中胸部而亡，家人把他的遺體藏起來，並於翌日下葬。 | 曼德勒省 |
| 271 | U Phyo Mauk Maung | 曼德勒 | 21/3/2021 | 43 | 在晚上11時半因聽見呼救而出外察看時被射殺，葬禮於翌日舉行。 | 曼德勒省 |
| 272 | U Zaw Myo Oo | 曼德勒 | 21/3/2021 | 44 | 於Pyigyidagun鎮進行夜間巡守時，聽見槍聲出外察看時被射中頸部而亡，軍方帶走他的遺體，他的姊妹為求安全而未能領回他的遺體。 | 曼德勒省 |

| 序號 | 姓名 | 遇難城市 | 遇難日期 | 年齡 | 死因 | 居住省份 |
|---|---|---|---|---|---|---|
| 273 | Mg Zaw Myo Htet | 曼德勒 | 21/3/2021 | 15 | 在當地啤酒店工作時，因出外察看軍隊開槍而被射殺，他不久前才從勃固前來曼德勒工作。他於3月22日下葬。 | 曼德勒省 |
| 274 | Ko Baby Sein Myint | 曼德勒 | 21/3/2021 | 30 | | 曼德勒省 |
| 275 | U Hlaing Myo Sat | 曼德勒 | 21/3/2021 | 40 | | 曼德勒省 |
| 276 | Ma Lianzuali | 仰光 | 21/3/2021 | 34 | 在軍方早上11時半突擊「我愛緬甸」福利服務辦公室時，因害怕在5樓辦公室外猛烈敲門的軍方，而從高處墜樓而亡，遺體被軍方帶走。 | 仰光省 |
| 277 | Ko Myint Thein | 曼德勒 | 22/3/2021 | 25 | 於Aung Pin Lal被殺。 | 曼德勒省 |
| 278 | U Aung Tint | 曼德勒 | 22/3/2021 | 58 | 於Aung Pin Lal被殺。 | 曼德勒省 |
| 279 | Ko In Jan Bo | 曼德勒 | 22/3/2021 | 21 | 於Aung Pin Lal被殺。 | 曼德勒省 |
| 280 | Mg Zaw Zaw | 曼德勒 | 22/3/2021 | 18 | 於Aung Pin Lal被殺。 | 曼德勒省 |
| 281 | Ko Aye Chan Moe | 曼德勒 | 22/3/2021 | 21 | 於Aung Pin Lal被殺。 | 曼德勒省 |
| 282 | U Sai Aung Myint | 曼德勒 | 22/3/2021 | 51 | 於Aung Pin Lal被殺。 | 曼德勒省 |
| 283 | Ko Zaw Lin Htike | 曼德勒 | 22/3/2021 | 32 | 於Aung Pin Lal被殺。 | 曼德勒省 |
| 284 | Ko Nay Myo Kyaw | 曼德勒 | 22/3/2021 | 38 | 在Mya Yi Nanda屋邨救助其他槍傷者時，被擊中胸部而亡。 | 曼德勒省 |
| 285 | Wai Lwin | 曼德勒 | 22/3/2021 | | 於Aung Pin Lal被殺。 | 曼德勒省 |
| 286 | Ko Htein Linn | 曼德勒 | 22/3/2021 | 21 | 義工 | 曼德勒省 |
| 287 | 無名 | 曼德勒 | 22/3/2021 | | 女性 | 曼德勒省 |
| 288 | U Min Thukha | 曼德勒 | 22/3/2021 | 42 | 於Chanmyathazi被殺。 | 曼德勒省 |
| 289 | Mg Tun Tun Aung | 仰光 | 22/3/2021 | 14 | 與母親及三名兄弟姊妹同住的一名初中二年級生，放假時擔任寶石雕刻師，在與母親出外取水時，被狙擊手射中胸部而亡。 | 仰光省 |
| 290 | Zin | 土瓦 | 23/3/2021 | | 早上11時半在監獄前被軍方車輛撞倒輾過而亡。 | 德林達依省 |
| 291 | Ko Wai Yan Htet Naing | 曼德勒 | 23/3/2021 | 26 | 在Aung Pin Lal的鎮壓中被殺。 | 曼德勒省 |

| 序號 | 姓名 | 遇難城市 | 遇難日期 | 年齡 | 死因 | 居住省份 |
|---|---|---|---|---|---|---|
| 292 | Mg Shein Naung Naung | 曼德勒 | 23/3/2021 | 19 | 被射中脊椎骨而亡，死前因神經受損，在送往骨外科醫生時小腿癱瘓。 | 曼德勒省 |
| 293 | Ko Chan Thar Htway | 曼德勒 | 23/3/2021 | 20 | 在3月23日早上被軍方射中頭部而亡。 | 曼德勒省 |
| 294 | 無名 | 曼德勒 | 23/3/2021 | | 黃昏6時死亡，背包裡有三塊木板。 | 曼德勒省 |
| 295 | Mg Moe Htet Wine | 曼德勒 | 23/3/2021 | 15 | 於Thiha Min茶店工作，在發現軍隊來到準備關門時被射中頭部而亡。 | 曼德勒省 |
| 296 | Thin Soe Oo | 曼德勒 | 23/3/2021 | | 來自農村，在工地工作時，發現一批便衣武裝分子騎摩托車，出外察看時被射中胸部而亡。 | 曼德勒省 |
| 297 | Ma Khin Myo Chit | 曼德勒 | 23/3/2021 | 6 | 八名兄弟姊妹中最小的一人，只有六歲零三個月大，在軍隊來到時，她被父親推回家中躲避，卻被射進屋內的子彈擊中腹部而亡，她的兄長也被槍托毆打帶走。 | 曼德勒省 |
| 298 | Ko Win Tun Oo | 曼德勒 | 23/3/2021 | 25 | 下午3時40分在Aung Pin Lal被射中頭部而當場死亡。 | 曼德勒省 |
| 299 | Ko Kyi Sat Hlaing | 皎勃東 | 24/3/2021 | 23 | 在早上八時半參與靜默示威後，當晚被軍方射殺，遺體被帶走。 | 曼德勒省 |
| 300 | Mg Naing Naing | 曼德勒 | 24/3/2021 | 16 | 在晚上八時於Chan Mya Tha Zi被射殺。 | 曼德勒省 |
| 301 | Ko Myo Hein Kyaw | 曼德勒 | 24/3/2021 | 24 | 雅丹納博大學法律系準畢業生，以摩托車阻擋軍隊讓其他人逃走時被射殺，在他倒下時仍關心其他人的安危。他的遺體被軍方破壞並在未得家人批准下火化。 | 曼德勒省 |
| 302 | Ko Myo Min Aung | 德穆 | 25/3/2021 | 33 | 被射中胸部而亡。 | 實皆省 |
| 303 | Ko Nay Linn Htwe / Muhammad Sadq | 東枝 | 25/3/2021 | 28 | 被警察的的霰彈槍夙殺，遺體被軍方帶走。 | 撣邦 |

| 序號 | 姓名 | 遇難城市 | 遇難日期 | 年齡 | 死因 | 居住省份 |
|------|------|----------|----------|------|------|----------|
| 304 | Ko Soe Naing Tun | 莫寧 | 25/3/2021 | 20 | 密支那科技大學大四學生，學生會外務秘書，在橋下躲藏時被射殺，家人在早上6時被通知帶走遺體。 | 克欽邦 |
| 305 | U Win Swe | 莫寧 | 25/3/2021 | 40 | 在中午示威時，被警察開火擊中腹部而亡。 | 克欽邦 |
| 306 | Arkar Oo | 丹老 | 26/3/2021 | | 在示威時被射殺。 | 德林達依省 |
| 307 | Min Myat Paing | 丹老 | 26/3/2021 | | 在Shwe Pyi Tan被擊中頭部而亡。 | 德林達依省 |
| 308 | Ma La Eisa | 丹老 | 26/3/2021 | 32 | 三子之母，在家旁被射中胸部而亡。 | 德林達依省 |
| 309 | Aung Myo | 丹老 | 26/3/2021 | | 在示威時被射殺。 | 德林達依省 |
| 310 | Soe Thu | 仰光 | 26/3/2021 | | 在北達貢被殺，遺下妻子和六個月大的兒子。 | 仰光省 |
| 311 | Ko Wai Yan Min Htin | 仰光 | 26/3/2021 | 23 | 在Dala Ta Pin Shwe Htee Ward被射中頭部而亡。 | 仰光省 |
| 312 | 無名 | 齋托 | 27/3/2021 | | 於齋托鎮被殺。 | 孟邦 |
| 313 | Win Min Htun | 皎勃東 | 27/3/2021 | | | 曼德勒省 |
| 314 | Win Zaw | 皎勃東 | 27/3/2021 | | 在示威剛開始時被殺，在家人不能見最後一面的情況下，遺體被軍政府帶走火化。 | 曼德勒省 |
| 315 | Ko Win Myo Oo | 皎勃東 | 27/3/2021 | 25 | 政府技術學校舊生，在示威開始時被殺。 | 曼德勒省 |
| 316 | U Zaw Min Oo | 高當 | 27/3/2021 | 41 | | 德林達依省 |
| 317 | Ma Khaing Zin Oo | 高當 | 27/3/2021 | 21 | | 德林達依省 |
| 318 | Mg Yan Paing Oo | 高當 | 27/3/2021 | 15 | | 德林達依省 |
| 319 | Ko Ye Htet | 高當 | 27/3/2021 | 21 | | 德林達依省 |
| 320 | U Tin Tun Win | 高當 | 27/3/2021 | 47 | | 德林達依省 |
| 321 | Ko Baw Baw | 實皆 | 27/3/2021 | 33 | | 實皆省 |
| 322 | Ko Arkar | 實皆 | 27/3/2021 | 24 | 在佛塔旁被警方射中眼及耳而亡。 | 實皆省 |
| 323 | Ko Chan Myae Kyaw | 實皆 | 27/3/2021 | 29 | 被軍警射中右胸而死。 | 實皆省 |
| 324 | U Tin Win | 辛甘 | 27/3/2021 | 59 | 在軍警實彈鎮壓示威時被射殺。 | 曼德勒省 |

| 序號 | 姓名 | 遇難城市 | 遇難日期 | 年齡 | 死因 | 居住省份 |
|---|---|---|---|---|---|---|
| 325 | Ko Wai Maung | 辛甘 | 27/3/2021 | 24 | 在軍警實彈鎮壓示威時被射殺。 | 曼德勒省 |
| 326 | Myint Tun Aung | 良烏 | 27/3/2021 | | | 曼德勒省 |
| 327 | Ko Wai Zin Oo | 良烏 | 27/3/2021 | 35 | 在罷市時被射殺。 | 曼德勒省 |
| 328 | Ko Aung Myo Thwin | | 27/3/2021 | 21 | 與父親及弟弟居於Pein Taw村的他，在市區的夜間示威中被射殺。 | |
| 329 | Win Myint | 東枝 | 27/3/2021 | | 在Yadanar Thiri ward的示威中被殺，遺體未能取回。 | 撣邦 |
| 330 | U Kyaw Htay | 土瓦 | 27/3/2021 | 42 | | 德林達依省 |
| 331 | Phoe Lone | 岱烏 | 27/3/2021 | | | 勃固省 |
| 332 | Ko Nan Win | 岱烏 | 27/3/2021 | 32 | | 勃固省 |
| 333 | 無名 | 木各具 | 27/3/2021 | | | 馬圭省 |
| 334 | 無名 | 木各具 | 27/3/2021 | | | 馬圭省 |
| 335 | Ko Min Naing | 木各具 | 27/3/2021 | 39 | | 馬圭省 |
| 336 | Aung Htut | 彬烏倫 | 27/3/2021 | | | 曼德勒省 |
| 337 | Ko Aung Min Naing | 彬烏倫 | 27/3/2021 | 20 | | 曼德勒省 |
| 338 | Aung Min Lwin | 彬烏倫 | 27/3/2021 | | 罷工教師 | 曼德勒省 |
| 339 | Ye Zin Win | 彬烏倫 | 27/3/2021 | | 在軍營旁被殺。 | 曼德勒省 |
| 340 | Soe Soe Yi | 彬烏倫 | 27/3/2021 | | | 曼德勒省 |
| 341 | Hein Min Thein | 彬烏倫 | 27/3/2021 | | 射中頸部而亡。 | 曼德勒省 |
| 342 | Ko Hein Htet | 彬烏倫 | 27/3/2021 | 23 | 在摩托車遊行時被殺，母親傷心欲絕。 | 曼德勒省 |
| 343 | Ko Min Zaw Htwe | 崩漂 | 27/3/2021 | 38 | 在軍警實彈鎮壓示威時被射中腿部而亡。 | 馬圭省 |
| 344 | Ko Wa Thon Soe | 勃生 | 27/3/2021 | 31 | 夜裡被射殺，遺體在28日被發現並被軍方帶走，並在30日被火化。 | 伊洛瓦底省 |
| 345 | Mg Lwin Ko | 勃生 | 27/3/2021 | 16 | | 伊洛瓦底省 |
| 346 | Ko Wai Linn Oo | 勃生 | 27/3/2021 | 36 | | 伊洛瓦底省 |
| 347 | Mg Htet Myat Twin / Muhammad Twaha | 勃生 | 27/3/2021 | 16 | | 伊洛瓦底省 |
| 348 | 無名 | 勃固 | 27/3/2021 | | | 勃固省 |

| 序號 | 姓名 | 遇難城市 | 遇難日期 | 年齡 | 死因 | 居住省份 |
|------|------|----------|----------|------|------|----------|
| 349 | U Kyaw Kyaw | 勃固 | 27/3/2021 | 45 | 在參與摩托車遊行時被殺倒地,遺下妻子和一子一女。 | 勃固省 |
| 350 | Ko Min Thet | 勃固 | 27/3/2021 | 27 | 在警察招募中心前被炸彈炸死,同場兩名警員死亡,三名警員受傷。 | 勃固省 |
| 351 | U Reagan | 皎德加 | 27/3/2021 | 52 | 於Hpa Do村被殺。 | 勃固省 |
| 352 | Mg Thant Zaw | 帕敢 | 27/3/2021 | 19 | 在和平示威時被軍警射殺。 | 克欽邦 |
| 353 | 無名 | 八莫 | 27/3/2021 | | | 克欽邦 |
| 354 | 無名 | 八莫 | 27/3/2021 | | | 克欽邦 |
| 355 | Shwe Myint | 八莫 | 27/3/2021 | | 在八莫罷工時被殺。 | 克欽邦 |
| 356 | 無名 | 馬德亞 | 27/3/2021 | | | 曼德勒省 |
| 357 | 無名 | 馬德亞 | 27/3/2021 | | | 曼德勒省 |
| 358 | Ko Myo Naing Win | 馬德亞 | 27/3/2021 | 30 | | 曼德勒省 |
| 359 | Aung Moe Oo | 曼德勒 | 27/3/2021 | 29 | 在Aung Myay Thar San鎮被射殺。 | 曼德勒省 |
| 360 | Thiha Tin Tun | 曼德勒 | 27/3/2021 | | 來自杉烏倫,醫科大學出身,被軍警射中手臂及頭部而亡。 | 曼德勒省 |
| 361 | U Aye Ko | 曼德勒 | 27/3/2021 | 40 | 在麵包店工作,擔當社區巡守隊員,在晚上8時半被圍檔擋住走避不及,被軍警射殺,並被拖到燃燒中的車軚路障。 | 曼德勒省 |
| 362 | Mg Aung Zin Phyo | 曼德勒 | 27/3/2021 | 18 | 在疫情下曾擔任加護病房義工,在第58街被射中胸口而亡。 | 曼德勒省 |
| 363 | Ko Thiha Kyaw | 曼德勒 | 27/3/2021 | 25 | 在滅火時被射中胸口而亡。 | 曼德勒省 |
| 364 | U Mg Mg | 曼德勒 | 27/3/2021 | 40 | 在第41街與第90及91街之間被殺。 | 曼德勒省 |
| 365 | Ko Maung Maung | 曼德勒 | 27/3/2021 | 25 | 於Thayat Ta村被殺。 | 曼德勒省 |
| 366 | Ko Zaw Zaw Htwe / Mohhamad Azid Khan | 曼德勒 | 27/3/2021 | 25 | 在第82街與第27及28街之間被殺。 | 曼德勒省 |
| 367 | Ko Yarzar Lin | 曼德勒 | 27/3/2021 | 36 | 在第19街與第81街之間被殺。 | 曼德勒省 |

| 序號 | 姓名 | 遇難城市 | 遇難日期 | 年齡 | 死因 | 居住省份 |
|------|------|----------|----------|------|------|----------|
| 368 | Htet Htet Linn | 曼德勒 | 27/3/2021 | | 在黃昏被殺。 | 曼德勒省 |
| 369 | Lin Lin | 曼德勒 | 27/3/2021 | 39 | 在第19街與第88街之間被殺。 | 曼德勒省 |
| 370 | Pyae Phyo Thant | 曼德勒 | 27/3/2021 | | 在黃昏被殺。 | 曼德勒省 |
| 371 | Soe Moe | 曼德勒 | 27/3/2021 | | 在第89街與第19街之間被殺。 | 曼德勒省 |
| 372 | Ko Kyaw Win Maun | 曼德勒 | 27/3/2021 | 31 | 曼德勒技術大學校友，與雙親同住，在八兄弟姊妹中排行最小，在沙包後躲藏時被射中心臟與肺部而亡。 | 曼德勒省 |
| 373 | Mg Hein Thant | 曼德勒 | 27/3/2021 | 18 | 在學校前被子彈擊中頭部而死。 | 曼德勒省 |
| 374 | U Myo Naing | 敏建 | 27/3/2021 | 40 | 被軍政府射殺。 | 曼德勒省 |
| 375 | U Thaung Nalng Oo | 敏建 | 27/3/2021 | 46 | 被軍政府射殺。 | 曼德勒省 |
| 376 | U Saw | 敏建 | 27/3/2021 | 48 | 被軍政府射殺。 | 曼德勒省 |
| 377 | Ko Tun Yin | 敏建 | 27/3/2021 | 20 | 被軍政府射殺。 | 曼德勒省 |
| 378 | Hein Win Tun | 敏建 | 27/3/2021 | 14 | 被軍政府射殺。 | 曼德勒省 |
| 379 | Ko Zaw Myo Aung / Mohhamad Ibrahim | 丹老 | 27/3/2021 | 35 | | 德林達依省 |
| 380 | Tun Naing Win | 密鐵拉 | 27/3/2021 | | 於Myothit Kya In下葬。 | 曼德勒省 |
| 381 | Ma Pann Ei Phyu | 密鐵拉 | 27/3/2021 | 15 | 初中一年級生，在皇宮旁的房子工作時被射中胸部而亡。 | 曼德勒省 |
| 382 | U Sithu | 抹谷 | 27/3/2021 | 40 | 被三槍打中腹部而亡。 | 曼德勒省 |
| 383 | Ko Ye Yint Aung | 抹谷 | 27/3/2021 | 23 | | 曼德勒省 |
| 384 | Kaung Myat Thu | 莫紐 | 27/3/2021 | 26 | 丹林科技大學機械工程學畢業生，在家門被射殺。 | 勃固省 |
| 385 | Ko Tun Oo | 蒙育瓦 | 27/3/2021 | 32 | 在逃避槍擊時被射中胸部而亡。 | 實皆省 |
| 386 | U Kyaw Htein | 蒙育瓦 | 27/3/2021 | 45 | | 實皆省 |
| 387 | Soe Nyi | 木姐 | 27/3/2021 | | | 撣邦 |
| 388 | Ko Win Soe | 毛淡棉 | 27/3/2021 | 30 | 在示威時被射中胸部而亡，遺下妻子及四個月大的孩子。 | 孟邦 |

| 序號 | 姓名 | 遇難城市 | 遇難日期 | 年齡 | 死因 | 居住省份 |
|---|---|---|---|---|---|---|
| 389 | Ma Aye Myat Thu | 毛淡棉 | 27/3/2021 | 11 | 小學四年級生，在玩耍時被便衣軍警在摩托車上射中頭部而亡。 | 孟邦 |
| 390 | 無名 | 仰光 | 27/3/2021 | | 在Sar Kay T被殺。 | 仰光省 |
| 391 | 無名 | 仰光 | 27/3/2021 | 29 | 在Thanlyin被殺。 | 仰光省 |
| 392 | 無名 | 仰光 | 27/3/2021 | | 在Tamwe被殺。 | 仰光省 |
| 393 | U Tin Hla | 仰光 | 27/3/2021 | 43 | 在Thanlyin罷工時被殺。 | 仰光省 |
| 394 | Shine Htet Aung | 仰光 | 27/3/2021 | | 東吁科技大學學生，在中午於警署前被炸死。 | 仰光省 |
| 395 | Ko Chit Bo Bo Nyein | 仰光 | 27/3/2021 | 21 | 緬甸青年國家隊及漢達瓦第聯足球隊青年軍隊長，在仰光示威時被殺。 | 仰光省 |
| 396 | Daw Ohmar Shein | 仰光 | 27/3/2021 | 50 | 於Mayangone被殺。 | 仰光省 |
| 397 | Ko Thet Khine Oo | 仰光 | 27/3/2021 | 35 | 於Mayangone被殺。 | 仰光省 |
| 398 | Ko Wai Hlu | 仰光 | 27/3/2021 | 21 | 於Mayangone被殺。 | 仰光省 |
| 399 | Kyaw Zaw Min / Mohhamad Na Im | 仰光 | 27/3/2021 | 40 | 於Dala被殺。 | 仰光省 |
| 400 | Ko Aung Zin Myint | 仰光 | 27/3/2021 | 20 | 在Dala被兩槍射中胸口及手臂而死。 | 仰光省 |
| 401 | U Win Myint | 仰光 | 27/3/2021 | 46 | 於Dala被殺 | 仰光省 |
| 402 | Mg Kyaw Htet Aung | 仰光 | 27/3/2021 | 19 | 在Dala被射中頸部及腹部而亡。 | 仰光省 |
| 403 | Ko Ye Myat Thu | 仰光 | 27/3/2021 | 25 | 在Dala嘗試拯救前方的人時被射殺。 | 仰光省 |
| 404 | Ko Thant Zin Tun | 仰光 | 27/3/2021 | 24 | 早上在Sanchaung Yan Gyi Aung街被射殺，下午去世。 | 仰光省 |
| 405 | Mg Sai Wai Yan | 仰光 | 27/3/2021 | 14 | 印裔少年，在Taungnyunt火車站前和兩名朋友玩耍時被射中頭部致死，家人要翌日才能從軍方取回遺體。 | 仰光省 |
| 406 | U Win Min Oo | 仰光 | 27/3/2021 | 42 | 被射殺並帶到醫院。 | 仰光省 |

| 序號 | 姓名 | 遇難城市 | 遇難日期 | 年齡 | 死因 | 居住省份 |
|---|---|---|---|---|---|---|
| 407 | Ma Thi San Wan Phi | 仰光 | 27/3/2021 | 19 | 克欽族，家人經營一家小麵攤，在Thingangyun的示威中被射殺。他的兩親看到其他朋友哭時，説：「不要哭，我的兒子是烈士。」 | 仰光省 |
| 408 | Ko Chit Lin Thu | 仰光 | 27/3/2021 | 21 | 參與不合作運動的公務員。 | 仰光省 |
| 409 | U Zaw Lay | 仰光 | 27/3/2021 | 49 | 在Insein Pauk Tawwa示威時被殺。 | 仰光省 |
| 410 | Khant Thu | 仰光 | 27/3/2021 | | 在警方行動時因中風而在醫院死亡。 | 仰光省 |
| 411 | Ko Tayzar Tun | 仰光 | 27/3/2021 | 31 | 在Insein Pauk Tawwa示威時被殺。 | 仰光省 |
| 412 | Zin Tun Lwin | 瑞波 | 27/3/2021 | | 防治瘧疾部門的公共衛生職員，被子彈射殺。 | 實皆省 |
| 413 | Mg Htoo Myat Win | 瑞波 | 27/3/2021 | 13 | 在Kyauk Myaung路被射中腹部而亡。 | 實皆省 |
| 414 | 無名 | 臘戌 | 27/3/2021 | | | 撣邦 |
| 415 | Ko Tun Tint Khaing | 臘戌 | 27/3/2021 | 27 | 一名參與罷工的警察，在Tun Tint Kaing的示威中被射殺。 | 撣邦 |
| 416 | Ko Mine Ye Htet Naung | 臘戌 | 27/3/2021 | 22 | 一名法律系準畢業生，來自德昂族，示威時經常拿起喇叭第一個發言，在説完「我們不能留在臘戌」時被子彈擊中胸口而亡。 | 撣邦 |
| 417 | Ko Sai Hla Htun | 臘戌 | 27/3/2021 | 31 | 臘戌青年保安隊的前線示威者，其他示威者的保護者。 | 撣邦 |
| 418 | Dr Phyo Thant Wai | 文敦 | 27/3/2021 | | 曼德勒醫科大學畢業的醫生，早上被軍政府射殺。 | 曼德勒省 |
| 419 | Ko Win Kyaw Soe | 和平 | 27/3/2021 | 29 | 和平鎮第一名死者，在家中工作時被射中背部而亡。 | 克欽邦 |
| 420 | Ko Kyaw Soe Oo | 和平 | 27/3/2021 | 25 | 在拆除工地旁鋪磚時被刻意槍殺。 | 克欽邦 |
| 421 | Juu Hmwe | 阿瑪拉普拉 | 27/3/2021 | | | 曼德勒省 |

| 序號 | 姓名 | 遇難城市 | 遇難日期 | 年齡 | 死因 | 居住省份 |
|---|---|---|---|---|---|---|
| 422 | Mg Kan Then Tak | 吉靈廟 | 28/3/2021 | 19 | 在Tahan示威時被射殺。 | 實皆省 |
| 423 | Min Nyo | 實皆 | 28/3/2021 | | 在Magla花園巡邏時被軍隊射中胸口而亡。 | 實皆省 |
| 424 | Ko Thang Hom Lian | 實皆 | 28/3/2021 | 26 | 在吉靈廟鎮被射中胸口而亡。 | 實皆省 |
| 425 | Shine Htet Aung | 實皆 | 28/3/2021 | | 在吉靈廟被殺。 | 實皆省 |
| 426 | San Thel | 實皆 | 28/3/2021 | | 在吉靈廟被殺。 | 實皆省 |
| 427 | Ma Ah Khu | 實皆 | 28/3/2021 | 37 | 女性公義Women for Justice領袖，在Kalemyo示威時被射中胸口而亡。 | 實皆省 |
| 428 | Ko Wai Yan Moe | 東枝 | 28/3/2021 | 22 | 被政變軍人殺死。 | 撣邦 |
| 429 | Ko Zin Linn Aung | 勃生 | 28/3/2021 | 27 | 參與不合作運動的國會議員，其祖父為陸軍上尉，父親為陸軍上士，在Ban Bwe軍營旁被軍人射中頭部而亡。 | 伊洛瓦底省 |
| 430 | Thal Maung Maung | 勃固 | 28/3/2021 | | 商學院學生在28日前背部中槍受傷，28日後身亡，在穆斯林墳場葬禮時軍政府逮捕了約40人。 | 勃固省 |
| 431 | Ma Zin Mar Aung | 敏建 | 28/3/2021 | 24 | 遭到軍政府鎮壓，被射中右胸而亡。 | 曼德勒省 |
| 432 | Ma Thinzar Hein | 蒙育瓦 | 28/3/2021 | 20 | 在Yadanarbon Ward擔任醫療工作者的蒙育瓦護士，被射中頭部而亡。 | 實皆省 |
| 433 | Khaing Zar Thwel | 仰光 | 28/3/2021 | | AYA銀行yeemyindaing支行員工，下午在南達貢被射中眼睛，在醫院去世。 | 仰光省 |
| 434 | Maung Oo | 仰光 | 29/3/2021 | | 於南達貢被殺。 | 仰光省 |
| 435 | Wai Phyo Thu | 仰光 | 29/3/2021 | | 於南達貢被殺。 | 仰光省 |
| 436 | Win Oo | 仰光 | 29/3/2021 | | 於南達貢被殺。 | 仰光省 |
| 437 | Ko Thar Chaw | 仰光 | 29/3/2021 | 20 | 於南達貢被殺。 | 仰光省 |
| 438 | Mg Kyaw Than | 仰光 | 29/3/2021 | 19 | 於南達貢被殺。 | 仰光省 |
| 439 | U Kalar | 仰光 | 29/3/2021 | 40 | 於南達貢被殺。 | 仰光省 |
| 440 | Ko Phoe La Pyae | 仰光 | 29/3/2021 | 23 | 於南達貢被殺。 | 仰光省 |
| 441 | Ko San Tint Naing | 仰光 | 29/3/2021 | 27 | 於南達貢被殺。 | 仰光省 |
| 442 | Mg Win Htut Aung | 仰光 | 29/3/2021 | 19 | 於南達貢被殺。 | 仰光省 |
| 443 | Ko Aung Thu | 仰光 | 29/3/2021 | 27 | 於南達貢被殺。 | 仰光省 |

| 序號 | 姓名 | 遇難城市 | 遇難日期 | 年齡 | 死因 | 居住省份 |
|---|---|---|---|---|---|---|
| 444 | Ko Aung Myo Thant | 仰光 | 29/3/2021 | 28 | 於南達貢被殺。 | 仰光省 |
| 445 | Ko Augustine Thein Aung | 仰光 | 29/3/2021 | 26 | 在開車回家後與朋友在家門前聊天時，被射中胸部心臟對上的位置而亡，妻子和鄰居來不及到醫院見他的最後一面，遺下妻子和三歲大的兒子。 | 仰光省 |
| 446 | Ko Lwin | 仰光 | 29/3/2021 | 26 | 於南達貢被殺。 | 仰光省 |
| 447 | Ko Myo Koko Oo | 仰光 | 29/3/2021 | 27 | 在南達貢被射中頭部而亡，於San Pya醫院去世。 | 仰光省 |
| 448 | Ko Nay Linn Saw | 仰光 | 29/3/2021 | 37 | 在南達貢被射中左胸當場死亡，遺體在家人不在場之下被火葬，家人為求安全離家逃亡。 | 仰光省 |
| 449 | U Thet Naing Tun | 仰光 | 29/3/2021 | 41 | 在南達貢Aung Thapyay路的巴士站旁射中右胸而亡。 | 仰光省 |
| 450 | Ko Khin Hlaing | 仰光 | 29/3/2021 | 27 | 於南達貢被殺。 | 仰光省 |
| 451 | Mg Yarzar Htwe | 勃生 | 29/3/2021 | 15 | 在捕漁業工作養活母親與兩名兄弟，被軍隊射中胸部而亡，遺體被帶走，到了3月30日家人才得以取回遺體。 | 伊洛瓦底省 |
| 452 | Mg Shein Thihan Linn | 勃固 | 29/3/2021 | 19 | 勃固大學遙距教育大三學生，早上11時半與另一人騎摩托車時被軍隊射殺並帶到寺廟，要到黃昏才能領回遺體。 | 勃固省 |
| 453 | 無名 | 仰光 | 29/3/2021 | | 和平示威時被鎮壓，被射中頭部而亡。 | 仰光省 |
| 454 | Soe Paing | 仰光 | 29/3/2021 | | 在Yan Pyay示威時被射殺，於Kyi Su墳場出殯。 | 仰光省 |
| 455 | Mg Htoo Htet Hlaing | 仰光 | 29/3/2021 | 19 | 在Tharkayta示威時被射中頭部而亡。 | 仰光省 |

| 序號 | 姓名 | 遇難城市 | 遇難日期 | 年齡 | 死因 | 居住省份 |
|---|---|---|---|---|---|---|
| 456 | Ko Maung Maung Aye | 仰光 | 29/3/2021 | 37 | 在3月28日晚上於南達貢與另外三人被軍人射擊，他與另一人的遺體被發現，遺下三個月大的孩子。 | 仰光省 |
| 457 | Ko Pyae Phyo Maung | 仰光 | 29/3/2021 | 39 | 在3月28日晚上於南達貢與另外三人被軍人射擊，他與另一人的遺體被發現。 | 仰光省 |
| 458 | Kyaw Kyaw | 內比都 | 30/3/2021 | | 全國民主聯盟中央委員會成員，於3月15日在內比都被捕，於3月30日在內比都的軍營中去世。 | 內比都聯邦特區 |
| 459 | Ko Myo Min Thu / Mohhamad Ali | 密支那 | 30/3/2021 | 23 | 在Ranpu示威中被槍殺。 | 克欽邦 |
| 460 | Aung Thura | 高當 | 30/3/2021 | | 在Shwe Zin Yaw Ward的鎮壓中被軍隊射中頭部而亡。 | 德林達依省 |
| 461 | Mg Kyaw Min Latt | 土瓦 | 30/3/2021 | 17 | 3月27日與3名朋友騎摩托車時被軍隊開火並逮捕，他父親指他被射中頭部而亡，閉路電視記錄了他被拖進軍方卡車的一刻。 | 德林達依省 |
| 462 | Ko Wai Lwin Oo | 敏建 | 30/3/2021 | 21 | 在3月29日被射中腹部，於3月30日去世。 | 曼德勒省 |
| 463 | 無名 | 仰光 | 30/3/2021 | | 在南達貢被軍隊放火活生生燒死。 | 仰光省 |
| 464 | Ko Nyo Min Thu | 木姐 | 30/3/2021 | 35 | 和平示威時被鎮壓，被射中頭部而亡。 | 撣邦 |
| 465 | Ko Kyaw Moe Khaing | | 31/3/2021 | 39 | 一名學校教師 | |
| 466 | Khaing Zaw Lin | 吉靈廟 | 31/3/2021 | | 在Nat Chaung村被軍隊射中頭部而亡。 | 實皆省 |

# Support Myanmar！

# 誌　謝

◆編輯及資料整理委員會◆

David Li MayMee Htun Sam

菜心

鄭霈晞


◆支持友好及機構◆

Anson Chow Tsz Yan

一拳書館

島聚讀書會

堅離地球雜貨店

鄧小樺

PF0299

# 花開明天：2021年緬甸自由運動

| | |
|---|---|
| 主　　編 | 孔德維 |
| 責任編輯 | 鄭伊庭 |
| 圖文排版 | 楊家齊 |
| 封面設計 | 李囿蓁 |
| 封面完稿 | 蔡瑋筠 |

| | |
|---|---|
| 出版策劃 | GLOs |
| 法律顧問 | 毛國樑　律師 |
| 製作發行 | 秀威資訊科技股份有限公司 |
| | 114 台北市內湖區瑞光路76巷65號1樓 |
| | 電話：+886-2-2796-3638　傳真：+886-2-2796-1377 |
| | 服務信箱：service@showwe.tw |
| | http://www.showwe.com.tw |
| 郵政劃撥 | 19563868　戶名：秀威資訊科技股份有限公司 |
| 展售門市 | 三民書局【復北店】 |
| | 104 台北市中山區復興北路386號 |
| | 電話：+886-2-2500-6600 |
| 網路訂購 | 秀威網路書店：http://www.bodbooks.com.tw |

| | |
|---|---|
| 出版日期 | 2021年5月　BOD一版 |
| 定　　價 | 360元 |

**Printed in Taiwan**

讀者回函卡

國家圖書館出版品預行編目

花開明天：2021年緬甸自由運動 / 孔德維主編 -- 一版. --
臺北市：GLOs, 2021.05
　面；　公分
BOD版
ISBN 978-986-06037-6-7(平裝)

1. 政變　2. 政治運動　3. 緬甸

571.7　　　　　　　　　　　　　　　110006921